Maximilian Simon

Analytische Geometrie der Ebene

Maximilian Simon

Analytische Geometrie der Ebene

ISBN/EAN: 9783743337763

Hergestellt in Europa, USA, Kanada, Australien, Japan

Cover: Foto ©Paul-Georg Meister /pixelio.de

Manufactured and distributed by brebook publishing software
(www.brebook.com)

Maximilian Simon

Analytische Geometrie der Ebene

Sammlung Göschen. Je in elegantem Leinwandband 80 Pf.

G. J. Göschen'sche Verlagshandlung, Leipzig.

1—9 Klassiker-Ausgaben mit Anmerkungen erster Lehrkräfte und Einleitungen von R. Goedeke.

1. Klopstocks Oden in Auswahl. 3. Aufl. 2. Lessings Emilia Galotti. 2. Aufl. 3. Lessings Fabeln nebst Abhandlungen. 4. Aufl. 4. Lessings Laokoon. 3. Aufl. 5. Lessings Minna von Barnhelm. 11. Auflage. 6. Lessings Nathan der Weise. 5. Auflage. 7. Lessings Prosa. Fabeln. Abhandl. üb. Kunst u. Kunstwerke. Dramaturg. Abhandl. Theologische Polemik. Philosoph. Gespräche. Aphorismen. 2. Aufl. 8. Lessings litterarische u. dramaturg. Abhandl. 9. Lessings antiquar. u. epigrammat. Abhandl.

10a Der Nibelunge Nôt und Mittelhochdeutsche Grammatik von Prof. Dr. Golther. 4. verm. Auflage.

10b Kudrun und Dietrichepen in Ausw. Mit Einltg. u. Wörterbuch v. Dr. O. L. Jiriczek. 3. verm. Aufl.

11 Astronomie von A. F. Möbius. 8. Auflage. 30 Fig.

12 Pädagogik von Prof. Dr. Rein. 3. Auflage.

13 Geologie von Dr. E. Fraas. Mit 66 Textfig. 2. Auflage.

14 Psychologie und Logik. Einführung in die Philosophie von Dr. Th. Elsenhans. 3. Auflage.

15 Deutsche Mythologie. Von Prof. Dr. F. Kauffmann. 2. Aufl.

16 Griechische Altertumskunde von Maisch u. Pohlhammer. Mit 9 Vollbildern. 2. Aufl.

17 Aufsatz-Entwürfe v. Prof. Dr. L. W. Straub. 2. Aufl.

18 Menschliche Körper, der. V. Realschuldir. Rebmann, mit Gesundheitslehre von Dr. Seiler. Mit 48 Abbildungen. 2. Aufl.

19 Römische Geschichte von Dr. Koch. 2. Aufl.

20 Deutsche Grammatik und Geschichte der deutschen Sprache von Dr. O. Lyon. 3. Auflage.

21 Lessings Philotas und die Poesie des 7j. Krieges. Ausw. v. Prof. O. Günther.

22 Hartmann von Aue, Wolfram v. Eschenbach u. Gottfr. von Straßburg. Ausw. a. d. höf. Epos v. Prof. Dr. K. Marold. 2. Aufl.

23 Walther v. d. Vogelweide mit Ausw. aus Minnesang und Spruchdichtung von Prof. O. Günther. 3. Aufl.

24 Seb. Brant, Luther, Hans Sachs, Fischart m. Dichtungen des 16. Jahrh. von Dr. L. Pariser.

25 Kirchenlied u. Volkslied. Geistl. u. weltl. Lyrik d. 17. u. 18. Jahrh. bis Klopstock von Dr. G. Ellinger.

26 Physische Geographie von Prof. Dr. Siegm. Günther. Mit 32 Abbildungen. 2. verm. Aufl.

27 Griechische u. Römische Mythologie v. Steuding. 2. Aufl.

28 Althochdeutsche Litteratur m. Grammatik, Uebersetzung u. Erläuterungen v. Prof. Th. Schauffler. 2. Aufl.

29 Mineralogie v. Dr. R. Brauns, Professor an der Univ. Gießen. Mit 130 Abb. 2. Aufl.

30 Kartenkunde v. Dir. d. nautischen Schule E. Gelcich u. Prof. F. Sauter. Mit gegen 100 Abbild.

31 Deutsche Litteraturgeschichte von Max Koch, Professor an der Universität Breslau. 2. Aufl.

Sammlung Göschen.

Je in elegantem Leinwandband **80 Pf.**

G. J. Göschen'sche Verlagshandlung, Leipzig.

Urteile der Presse über „Sammlung Göschen".

Lehrerzeitg. f. Thüringen u. Mitteldeutschland: Diese dauerhaft und elegant gebundenen kleinen Bücher mit dem sehr handlichen Format 16/11 cm sind für Gymnasien, Realschulen, Lehrerseminare, höhere Mädchenschulen und verwandte Anstalten bestimmt. Der sorgfältige, saubere Druck verdient volle Anerkennung. Es ist ein dankenswertes Unternehmen der Verlagshandlung, in dieser wirklich schönen Ausstattung gediegene Schulbücher erscheinen zu lassen.

Südd. Bl. f. höh. Unterr.-Anst.: Nachdem die zwei ersten Auflagen von Nr. 10 der Göschenschen Sammlung (Nibelungen und Kudrun in Auswahl) beifällige Aufnahme und sehr raschen Absatz gefunden haben, sind Herausgeber und Verleger übereingekommen, diese Nummer in zwei Bändchen zu zerlegen: a) Der Nibelunge Nôt 2c. b) Kudrun und Dietrichepen. Dadurch ist es möglich geworden, den Text zu vermehren und ihn, sowie das Wörterbuch, mit größeren Lettern zu drucken . . . .

Deutsche Lehrerzeitg., Berlin: In knappster, aber doch allgemein verständlicher Form bietet uns Dr. Fraas die Geologie. Besonders aber hat uns das 14. Bändchen, welches die Psychologie und Logik enthält, ungemein angesprochen. Elsenhans versteht es, für diesen Lehrgegenstand Interesse zu erregen. Wer größere Werke nicht durchzunehmen vermag, wer halb Vergessenes auffrischen will, wer in Kürze Logik und Psychologie in den Grundzügen in leicht faßlicher Weise sich aneignen will, der greife zu diesem Büchlein. Er wird's nicht bereuen. Lessings Philotas, der bekanntlich in antikem Gewand den Geist des siebenjährigen Krieges und vor allem die Denkart Friedrichs des Großen schildert, und die Poesie des siebenjährigen Krieges sind echt patriotische und herzerfreuliche Gaben. Nach den vorliegenden Bändchen stehen wir nicht an, die ganze Sammlung aufs angelegentlichste nicht allein zum Gebrauch in höheren Schulen, sondern auch zur Selbstbelehrung zu empfehlen.

Schwäbischer Merkur: Der bekannte Jenaer Pädagog Prof. Dr. W. Rein giebt in der „Pädagogik im Grundriß" eine nicht nur lichtvolle, sondern geradezu fesselnde Darstellung der praktischen und der theoretischen Pädagogik. Jedermann, der sich für Erziehungsfragen interessiert, darf man das Büchlein warm empfehlen. Nicht minder trefflich ist die Bearbeitung, welche der Marburger Germanist Kauffmann der Deutschen Mythologie gewidmet hat. Sie beruht durchaus auf den neuesten Forschungen, wie sich an nicht wenigen Stellen, z. B. in dem schönen Kapitel über Baldr, erkennen läßt.

Staatsanzeiger: Das 20. Bändchen, das einen Abriß der deutschen Grammatik und im Anhange eine kurze Geschichte der deutschen Sprache enthält, bietet auch eine gute Uebersicht der deutschen Sprachlehre und deutschen Sprachgeschichte. Die klare und knappe Darstellung giebt auf engem Raum einen überraschend reichen Stoff, sie ist mehr ins Einzelne eingehend, als das kleine Bändchen erwarten läßt.

Kleine mathematische Bibliothek

aus Sammlung Göschen.

Jedes Bändchen elegant gebunden 80 Pfennig.

Ebene Geometrie mit 115 zweifarbigen Figuren von
Prof. G. Mahler. Nr. 41.

Arithmetik und Algebra von Professor Dr. Hermann
Schubert. Nr. 47.

Beispiel-Sammlung zur **Arithmetik** und **Algebra**
von Professor Dr. Hermann Schubert. Nr. 48.

Formelsammlung u. **Repetitorium** der **Mathematik**
mit 20 Figuren von Prof. O. Th. Bürklen. Nr. 51.

Niedere Analysis mit 6 Figuren von Dr. Benedikt Sporer.
Nr. 53.

Geometrisches Zeichnen mit 282 Figuren von Architekt
H. Becker. Nr. 58.

August Baumeister

dem hochverdienten Schulmann

dem Begründer des deutschen höheren

Schulwesens in den Reichslanden

in Dankbarkeit und Verehrung

gewidmet.

Sammlung Göschen

Analytische

Geometrie der Ebene

von

Max Simon

Strassburg i. E.

Mit 45 Abbildungen

Leipzig

G. J. Göschen'sche Verlagshandlung

1897

Inhaltsverzeichnis.

Druck von Carl Rombold in Heilbronn.

Holzfreies Papier aus der Gust. Schaeuffelen'schen Papierfabrik
in Heilbronn.

I. Abschnitt.

Koordinaten und Punkt.

§ 1. Definition von Koordinaten.

Unter den Koordinaten eines Punktes versteht man den Rechnungsregeln unterworfene Grössen (Zahlen), welche durch die Lage des Punktes bestimmt sind, und durch deren Werte umgekehrt die Lage eines Punktes bestimmt werden kann.

Entsprechend ist die Erklärung von Koordinaten einer Linie, Fläche etc. Wir beschränken uns zunächst auf Punkte, und zwar auf Punkte einer Ebene.

Am gebräuchlichsten sind **Parallelkoordinaten**.

Man zieht in der Ebene durch einen beliebigen Punkt O (Fig. 1) zwei Gerade, die Axen; dann sind durch jeden Punkt der Ebene zwei Grössen (Zahlen) bestimmt, nämlich die Masszahlen der Längen seiner Abstände von den Axen, jeden gemessen parallel der andern Axe in einer willkürlich festgesetzten Längeneinheit. Damit auch umgekehrt zwei Zahlen einen Punkt bestimmen, dessen Abstände von den Axen sie messen, ist zunächst nötig, dass man weiss, auf welche

Axe sich jede Zahl bezieht. Man hat dann nur die
gegebenen Abstands-Grössen vom Punkt O aus auf den
Axen abzutragen und durch die Endpunkte dieser
Strecken die Parallelen zu den Axen zu ziehen; die
Schnittpunkte dieser Parallelen sind Punkte, deren
Abstände von den Axen durch die gegebenen Zahlen
gemessen werden. Die Konstruktion ergiebt aber vier
Punkte (Fig. 1): P_1; P_2; P_3; P_4. Um durch die ge-

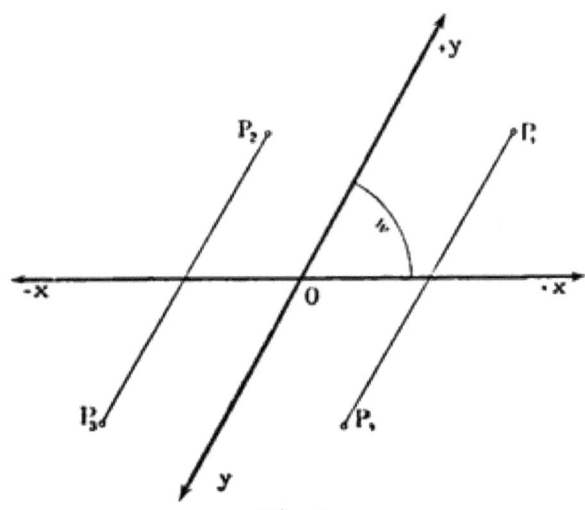

Fig. 1.

gebenen Zahlen auszudrücken, welchen von diesen vier
Punkten man bestimmen will, unterscheidet man die
beiden von O ausgehenden Richtungen jeder Axe als
positiv und negativ und fordert, dass die gegebenen Zahlen dem Vorzeichen nach bestimmt
sind. Die so mit Vorzeichen versehenen Masszahlen
der Abstände sind Koordinaten gemäss der Definition
und heissen: Parallelkoordinaten.

Der Punkt O (vom lat. Origo Ursprung) hat die

Koordinaten 0,0 und heisst **Anfangspunkt** oder
Nullpunkt. Die Konfiguration beider Axen heisst
Koordinatensystem oder **Axensystem.** Der Winkel zwischen den positiven Zweigen (Hälften) der Axen
heisst **Koordinatenwinkel,** und zwar denkt man
ihn dadurch erzeugt, dass sich der positive Zweig der
als erste bezeichneten Axe um O entgegengesetzt dem
Sinne des Uhrzeigers dreht, bis er mit dem positiven
Zweig der zweiten Axe zusammenfällt; diese Art der
Drehung (entgegengesetzt dem Sinne des Uhrzeigers)
heisst **positive.** Der Koordinatenwinkel wird mit w
bezeichnet; ist w ungleich (**Zeichen der Ungleich-
heit**: $\neq$) 90°, so heisst das System ein **schiefes,** ist
w = 90°, so heisst es **rechtwinklig** oder **orthogo-
nal.** Man beschränkt w auf **spitze** oder rechte Winkel, d. h. 90° nimmt man als Maximum für w. Meist
zeichnet man die erste Axe horizontal, setzt als positiven Zweig den von O nach rechts gehenden fest und
nennt die auf ihr bezw. in ihrer Richtung gemessene
Koordinate: **Abscisse,** gewöhnlich mit x bezeichnet, die
Axe selbst heisst **Abscissenaxe** oder **X-Axe,** ihre
Zweige: + X und — X. Auf der andern Axe, der
Ordinatenaxe, heisst die Koordinate: **Ordinate**
(auch **Applicate**), sie wird meist mit y bezeichnet, und
die Axe auch **Y-Axe** genannt, ihr positiver Zweig + Y
wird meist nach oben gerichtet, links vom Strahl + X.
Ist das System rechtwinklig und X horizontal, so ist
Y vertikal. Diese Festsetzung ist aber keineswegs
bindend, an und für sich ist das Axensystem betreffs
seiner Lage in der Ebene keiner Beschränkung unter-
worfen.

Die Axen teilen die Ebene in 4 Teile, bei recht-
winkligem System sind die Teile gleich, also Quadranten,
der Teil zwischen $+ X$ und $+ Y$ ist No. I, zwischen
$+ Y$ und $- X$ ist II, zwischen $- X$ und $- Y$ liegt
III, zwischen $- Y$ und $+ X$: IV. Für alle Punkte
in I sind x und y grösser als 0 (Zeichen für grösser $>$,
für kleiner $<$), für alle in II ist $x < o$, $y > o$; in III
ist $x < o$; $y < o$; in IV ist $x > o$, $y < o$. Nach dem
sogenannten D r o b i s c h'schen Prinzip der Umkehrbar-
keit eindeutiger Zuordnungen (das aber schon früher
von M ö b i u s aufgestellt ist) sind diese Sätze umkehrbar.

§ 2. Polarkoordinaten.

Durch einen Punkt O, den N u l l p u n k t oder Pol
(griechisch, so viel wie Drehpunkt), zieht man einen
Strahl OA (Fig. 2), die P o l a r a x e (auch A x e schlechtweg);

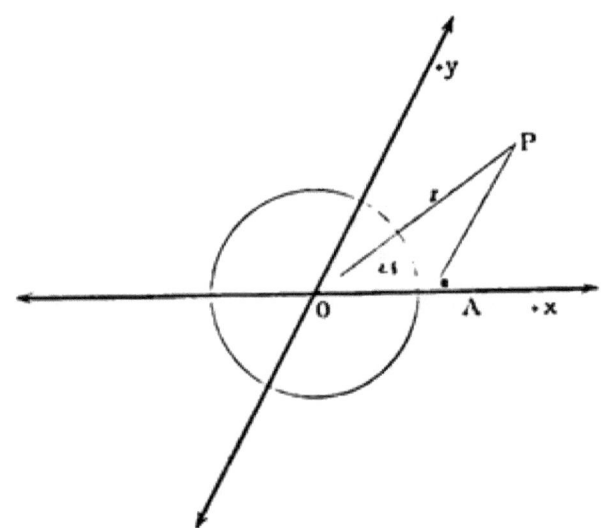

Fig. 2.

dann bestimmt irgend ein Punkt P durch seine Lage die
Länge von O P und den Winkel A O P zwischen der
Axe O A und O P. Dieser Winkel wird als durch
Drehung im positiven Sinne (cf. § 1), durch positive
Drehung, erzeugt betrachtet, und dieser Sinn wird,
wenn nichts besonderes festgesetzt ist, stets vorausgesetzt,
so dass z. B. A O P und P O A zusammen 4 Rechte
sind. Lässt man, wie meistens, zu, dass der sich
drehende Strahl die Ebene beliebig oft bedeckt, so ist
Winkel A O P durch die Lage von P nur bis auf beliebige Vielfache von 4 Rechten bestimmt. Der Strahl
O P heisst Leitstrahl oder radius vector, auch
bloss radius oder bloss vector des Punktes P, und ebenso
wird die absolute Länge von O P genannt und meist
mit r bezeichnet. Der Winkel A O P wird nicht
in Grad-, sondern in Bogenmass gemessen.

[Erklärung von Bogenmass: Da der Winkel
sich zur Ebene verhält, wie jeder Bogen zwischen seinen
Schenkeln, dessen Zentrum im Scheitel liegt (Zentriwinkel), zum Vollkreis, so hat man die Proportion
$\frac{\varphi}{360} = \frac{1}{2\,r\,\pi}$, wo φ die Zahl der Grade des Winkels,
1 den Bogen, r den Radius, π die Ludolph'sche Zahl
bedeuten: also $l/r = \varphi\,\pi\,180$. l/r wird als arcus φ (abgekürzt arc φ) bezeichnet und giebt das Bogenmass des
Winkels. Man geht also vom Gradmass zum Bogenmass (besser absoluten Mass) des Winkels über,
wenn man die Gradzahl mit $\pi\,180$ multipliziert, umgekehrt vom absoluten zum Gradmass, indem man mit
$\frac{180}{\pi}$ multipliziert. Dabei ist für jede Minute $\frac{1}{60}°$, für

jede Sekunde $\dfrac{1}{60 \cdot 60''}$ zu setzen, so dass also ein

Winkel von 20° 11′ und 3″ die Gradzahl $\varphi = 20 + \dfrac{11}{60}$

$+ \dfrac{3}{60 \cdot 60}$ hat, dem rechten Winkel entspricht im Bogen-

mass $\dfrac{\pi}{2}$, dem flachen Winkel π. —]

Der in Bogenmass gemessene Winkel A O P wird meist mit ϑ bezeichnet und heisst **P h a s e**, **A m p l i t u d e** oder **R i c h t u n g s b o g e n** des Punktes P. Die letzt-genannte Bezeichnung rührt davon her, dass, wenn man in der Proportion $\dfrac{1}{r} = \dfrac{\varphi}{180} \dfrac{\pi}{}$ für r die Längeneinheit wählt, arc φ die Masszahl des zum Zentriwinkel von φ° gehörigen Bogens im Kreise mit dem Radius 1 ist, und daher mit diesem Bogen identifiziert wird.

Hier ist sofort klar, dass, wie der Punkt r und ϑ — letzteres abgesehen von Vielfachen von 2π — bestimmt, so umgekehrt r und ϑ den Punkt bestimmen, sie sind daher nach Definition in § 1 Koordinaten und heissen: **P o l a r k o o r d i n a t e n**.

Da Koordinaten und Punkt sich gegenseitig bestimmen, so müssen die Parallel- und Polar-Koordinaten desselben Punktes sich gegenseitig bestimmen. Bei gemeinsamem O und wenn + X zugleich die Polaraxe, ist:

1) $x = \dfrac{r \sin (w - \varphi)}{\sin w}$; $y = \dfrac{r \sin \varphi}{\sin w}$ (Sinussatz)

und umgekehrt:

$r = + \sqrt{x^2 + y^2 + 2 xy\cos w}$, $\cot \varphi = \dfrac{x}{y \sin w} + \cot w$

mit der näheren Bestimmung, dass $\sin \vartheta$ das Zeichen von y hat, so dass, wenn y > 0 für ϑ (abgesehen von Vielfachen von $2\,\pi$) nur der Bogen $< \pi$, und wenn y < 0 für ϑ nur der Bogen $> \pi$ genommen werden darf. Diese Festsetzung deckt sich mit der, dass ϑ der Winkel sein soll, der entsteht, wenn man $\overrightarrow{OA}$ im entgegengesetzten Sinne des Uhrzeigers sich solange drehen lässt, bis es mit $\overrightarrow{OP}$ zusammenfällt.

Ist w = 90°, so ist:

1ª) $x = r\cos\vartheta$, $y = r\sin\varphi$, $r = + \sqrt{x^2 + y^2}$, $tg\varphi = y/x$.

Während das Parallelkoordinatensystem ein geradliniges ist, ist das polare ein gemischtliniges, insofern r Strecke und φ Kreisbogen. Man kann auch beide Koordinaten krummlinig wählen, doch ist das in der Ebene selten von Nutzen, wohl aber auf der Kugel und andren krummen Flächen. Das Wesentliche jedes Koordinatensystems auf einer Fläche ist, dass man die Fläche mit 2 Systemen (Schaaren) von Linien überzieht, wie z. B. die Ebene mit den Parallelen zur X- und zur Y-Axe, oder mit den Strahlen, die von O ausgehen und den Kreisen, deren Centrum O ist, so dass jede Schaar für sich die Fläche ausfüllt, durch jeden Punkt, von Ausnahmen in einzelnen Punkten abgesehen, von jeder Schaar je Eine Linie geht, und jede Linie der einen Schaar jede Linie der andern in Einem Punkte schneidet.

§ 3. Punkte.

Gegeben ein Parallelkoordinatensystem, Axenwinkel w (Fig. 3). Sei A ein Punkt mit den Koordinaten

x_1 und y_1, man sagt abgekürzt A ist der Punkt $(x_1 \mid y_1)$, indem man eine symbolische Gleichung ansetzt: Punkt A

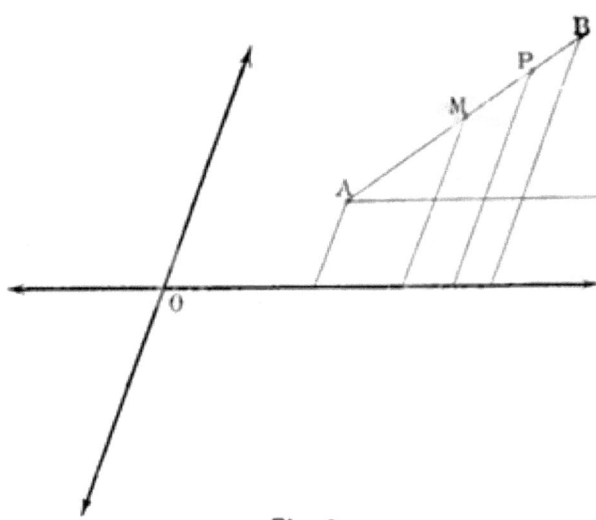

Fig. 3.

$\begin{Bmatrix} \\ \end{Bmatrix} (x_1 \mid y_1)$, gelesen A äquivalent $(x_1 \,{}'\, y_1)$, was nichts andres heissen soll, als dass der Punkt A und die Werte $x_1 \, y_1$ der Koordinaten sich gegenseitig bestimmen. Sei B $\begin{Bmatrix} \\ \end{Bmatrix} (x_2 \mid y_2)$ ein zweiter Punkt, dann ist sofort der Abstand d der Punkte A und B, die Streckenlänge A B gegeben, sowie der Winkel α, um welchen man den durch A zu $+\,X$ gezogenen Parallelstrahl (positiv) drehen muss, damit er in die Lage A B komme. Es ist dann

2) $d^2 = (x_2 - x_1)^2 + (y_2 - y_1)^2 + 2\,x_2 - x_1)\,(y_2 - y_1)\,\cos w$

$$\frac{\sin \alpha}{\sin (w - \alpha)} = \frac{y_2 - y_1}{x_2 - x_1}.$$ Ist $w = 90^0$, so ist:

2^a) $d^2 = (x_2 - x_1)^2 + (y_2 - y_1)^2$; tg $\alpha = \dfrac{y_2 - y_1}{x_2 - x_1}$.

Für den Inhalt J des Dreiecks O A B ergiebt sich

2^b) $J = \pm\, \tfrac{1}{2}\, \sin w\,(x_1\,y_2 - x_2\,y_1)$, denn zieht man die

Hilfslinie O M, so ist 2 $\triangle$ A M B = Parallelogramm
A M B F; 2 $\triangle$ O M B = Parallelogramm M B G H;
2 $\triangle$ O M A = Parallelogramm K M A L, mithin 2 J =
O G F L—O H M K; 2 J = $x_1\ y_2$ sin w—$x_2\ y_1$ sin w.

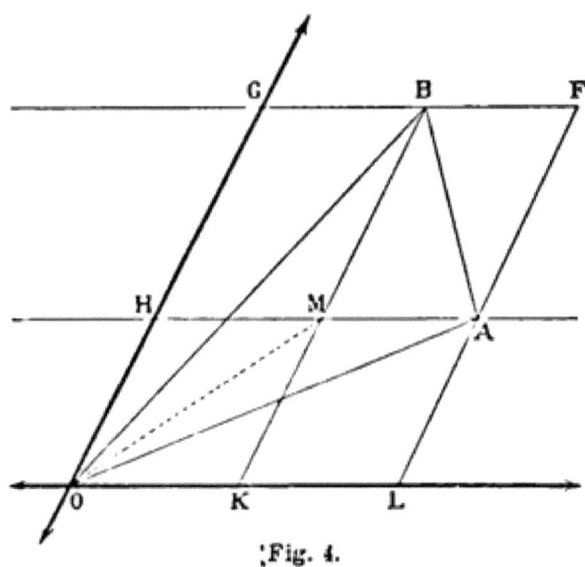

:Fig. 4.

Sei M $\{(\zeta \mid \eta)$ die Mitte von A B, dann ist nach
dem Satz von der Mittellinie im Paralleltrapez:

$$3)\ \xi = \frac{1}{2}(x_1 + x_2);\ \eta = \frac{1}{2}(y_1 + y_2).$$

Die Gleichung 3 gilt, wie alle bisherigen, allgemein, d. h. welche Werte auch x und y haben, bezw.
in welchen Teilen der Ebene die Punkte A und B
liegen mögen. — Ist $\xi = 0$, so liegt M auf der Y-Axe;
ist $\eta = 0$, so liegt M auf der X-Axe, sind ξ und η
beide 0, so fällt M auf O. Sei z. B. A B C D ein
Parallelogramm, die Aufeinanderfolge so, dass man beim
Umgang von A nach B, B nach C etc. stets das Feld

der Figur zur Linken hat. Wählt man die Axen so,
dass $+$ X parallel A B und $+$ Y parallel A D, und
seien die Koordinaten der Ecken x_1 y_1 etc., so ist die

Mitte M von A C $\left\{ \left(\frac{1}{2} (x_1 + x_3) \Big| \frac{1}{2} (y_1 + y_3) \right) \right.$ und die

Mitte N von B D ist $\left\{ \left(\frac{1}{2} (x_2 + x_4) \Big| \frac{1}{2} (y_2 + y_4) \right) \right.$. Es

ist aber $x_1 = x_4$; $x_3 = x_2$; $y_1 = y_2$; $y_3 = y_4$, somit M
   N (Zeichen für: i d e n t i s c h), d. h. die Diagonalen des Parallelogramms halbieren sich gegenseitig.

   Ist P (Fig. 3) irgend ein Punkt auf A B zwischen

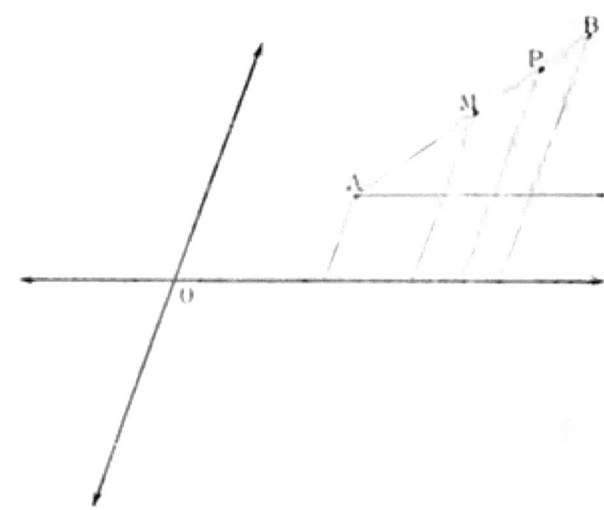

Fig. 3.

A und B, und teilt P die Strecke A B im Verhältnis
$\lambda : 1$, d. h. so dass A P : B P $= \lambda$, so ergeben die Sätze
vom Trapez, bezw. ergiebt die Aehnlichkeit der Drei-
ecke A P U und A B C, seine Koordinaten

$$3^a) \quad \xi = \frac{x_1 + \lambda x_2}{1 + \lambda}; \quad \eta = \frac{y_1 + \lambda y_3}{1 + \lambda}.$$

Sei z. B. A B C ein Dreieck, Strahl A B $= + Y$, Strahl A C $= + X$, A $\{ (0\ 0)$, B $\{ (0\ b)$, C $\{\ c\ 0)$. Die Mitten A_1; B_1; C_1; der Seiten B C, C A, A B sind

dann resp. $\left\{ \left(\dfrac{1}{2}\ c\ \ \dfrac{1}{2}\ b\right); \left(\dfrac{1}{2}\ c\ 0\right); \left(0\ \dfrac{1}{2}\ b\right)\right.$.

Die Punkte, welche $A A_1$; $B B_1$; $C C_1$ von den Ecken aus im Verhältnis $2:1$ teilen, seien S_1; S_2; S_3, dann ist:

$$S_1 \left\{ \left(\dfrac{c}{3}\ \ \dfrac{b}{3}\right); S_2 \left\{ \left(\dfrac{c}{3}\ \ \dfrac{b}{3}\right); S_3 \left\{ \left(\dfrac{c}{3}\ \ \dfrac{b}{3}\right)\right.\right.\right.$$

also $S_1 = S_2 = S_3$, d. h. die 3 Mittellinien des Dreiecks schneiden sich in einem Punkte und im Verhältnis $2:1$.

Teilt Q $\{\ (\xi^1 \mid \eta^1)$ die Strecke A B ausserhalb im Verhältnis μ, d. h. so, dass absolut genommen A Q : B Q $= \mu : 1$ ist, so ergiebt sich

$$3^h)\ \xi^1 = \frac{x_1 - \mu x_2}{1 - \mu};\ \eta^1 = \frac{y_1 - \mu y_2}{1 - \mu}.$$ Ist $\mu = \lambda$, so

bilden die Punkte A B P Q ein **harmonisches Punktsystem**, geschrieben [A B, P Q], A und B bilden das eine Paar, P und Q das andere Paar konjugierter Punkte. Eliminiert man λ zwischen den Gleichungen für ξ und ξ^1 bezw. für η und η^1, so erhält man

$$4)\ (x_1 + x_2)\ (\xi + \xi^1) = 2\ (x_1\ x_2 + \xi\ \xi^1)$$
$$(y_1 + y_2)\ (\eta + \eta^1) = 2\ (y_1\ y_2 + \eta\ \eta^1).$$

Weiss man, dass A B P Q auf derselben Geraden liegen, so ist jede der beiden Relationen 4) die nötige und hinreichende Bedingung dafür, dass die 4 Punkte ein harmonisches System bilden, d. h. dass P die Strecke A B innerhalb im selben Verhältnis teilt wie Q ausserhalb. Man sagt auch A und B sind durch P und Q

harmonisch getrennt und beweist mittelst der
einfachsten Sätze aus der Lehre von den Proportionen,
dass dann auch P und Q durch A und B harmonisch
getrennt sind. —

Die Strecken A P und B P sind entgegengesetzt
gerichtet, A Q und B Q dagegen gleichgerichtet; um
diesen Unterschied zu kennzeichnen, wollen wir sagen,
P teile die Strecke A B im Verhältnis $-\lambda : 1$, d. h.
wir wollen als Teilungsverhältnis auch n e g a t i v e (gestrichene) Z a h l e n zulassen, und wissen, dass diese
nur Punkten i n n e r h a l b A B zukommen, alsdann ist

$$P \left\{ \left(\frac{x_1 - \lambda\, x_2}{1 - \lambda} \,\middle|\, \frac{y_1 - \lambda\, y_2}{1 - \lambda} \right), \right.$$ d. h. die Formel 3ª) oder 3ᵇ gilt

allgemein für jeden Wert des λ (oder μ), und es entspricht nicht nur jedem Punkt auf A B ein bestimmter
Wert des λ, sondern auch umgekehrt, jedem Wert des
λ ein bestimmter Punkt auf A B. Eliminiert man also
μ in 3ᵇ), so erhält man

$$5) \quad \frac{\eta - y_1}{\xi - x_1} = \frac{y_2 - y_1}{x_2 - x_1}$$

als nötige und hinreichende Bedingung dafür, dass P
in die Gerade A B fällt, und man sieht, dass die die
Lage von P beschränkende Bedingung: auf der Geraden
A B zu liegen, sich umsetzt in die Gleichung 5 zwischen
den Koordinaten ξ und η von P, welche ebenfalls die
freie Veränderlichkeit einschränkt, da nach Wahl z. B.
von ξ durch 5) der Wert der Koordinate η bestimmt
ist. Man sieht leicht ein, dass 5) nichts anders aussagt als die charakteristische Eigenschaft der Geraden
in allen ihren Teilen gleiche Richtung zu haben.

§ 4. Definition der Kurvengleichung und der Koordinaten- oder Analytischen-Geometrie.

Kurve bedeutet eigentlich: krumme Linie, im Gegensatz zur Geraden, aber man braucht es gleichbedeutend mit Linie, indem man die Gerade als Grenzfall der krummen Linien, als Linie mit der Krümmung 0 ansieht. Die Kurven, welche die Geometrie betrachtet, sind fast ausschliesslich sogenannte geometrische Orte, d. h. Inbegriffe (Komplexe, Gesamtheiten, Mannigfaltigkeiten) aller Punkte, denen eine bestimmte Eigenschaft zukommt (proprietas specifica nach Fermat). Z. B. ist die Mittelsenkrechte (oder Symmetrieaxe) der Ort der Punkte, welche von 2 gegebenen Punkten gleichen Abstand haben, der Kreis der Ort der Punkte, welche vom Centrum den Abstand des Radius haben. Diese spezifische Eigenschaft kann auch durch die Mechanik gegeben werden, z. B. der Inbegriff aller Lagen (Orte) des Schwerpunktes eines Geschosses oder die Bahn eines Punktes eines rollenden Rades etc. Die bestimmende Eigenschaft erzeugt die Kurve [wieder] und giebt damit die Koordinaten ihrer Punkte, sie beschränkt, heisst dies, die Veränderlichkeit eines Punktes, der an und für sich in der ganzen Ebene liegen kann, auf die bestimmte Kurve, und damit die Veränderlichkeit der Koordinaten auf die jener Punkte. Eine solche Beschränkung äussert sich aber (man vergleiche den Schluss des vorigen Paragraphen) in Form einer Gleichung zwischen den Koordinaten, wie $f(x, y) = 0$; $\varphi(r, \vartheta) = 0$,[*] welcher die Koordinaten aller Punkte

---

[*] Die Zeichen f; φ, sind sogenannte Funktionszeichen und bedeuten gleich Null gesetzt, dass zwischen den in Klammern hinter ihnen gesetzten Buchstaben wie x und y, oder r und ϑ, irgend eine Gleichung besteht, wodurch sie gegenseitig in Abhängigkeit gesetzt sind.

der Kurve genügen.   Nach der Definition in § 1:
A { (x'y) liegen umgekehrt die Punkte, deren Koordinaten dieser Gleichung genügen, wieder auf der
Kurve.   Die bestimmende Eigenschaft der Kurve und
damit diese selbst, lässt sich also in eine Gleichung
zwischen den Koordinaten umsetzen, und umgekehrt
diese Gleichung wieder in jene Kurve, in derselben
Weise wie wir ein Tonstück in Noten und die Noten
wieder in das Tonstück umsetzen.   Das Wesen der
analytischen Geometrie (oder Koordinatengeo-
metrie) besteht also darin: Die Gesetzmässig-
keit geometrischer Gebilde in Gleichungen
zwischen den Koordinaten umzusetzen, mit
diesen nach den Regeln der Algebra zu
rechnen und die gefundenen Resultate geometrisch zu deuten.

Wie also der Punkt äquivalent gesetzt wird einem
Wertsystem x' y seiner Koordinaten, so wird die Kurve
äquivalent gesetzt einer Gleichung f (x y) — 0 zwischen
den Koordinaten, wobei allerdings noch hervorzuheben
ist, dass wir Gleichungen von der Form f (x ' y) = 0
und c f (x y) = 0, wo c eine von 0 verschiedene fest-
gegebene Zahl ist, als identisch ansehen, weil sie durch
dieselben Wertsysteme von x und y erfüllt werden.

II. Abschnitt.

Die gerade Linie.

§ 5. Die Gerade sei bestimmt

a) durch 2 Punkte,

b) durch 1 Punkt und die Richtung.

Wenn zwei Punkte A und B gegeben sind, so bezeichne A B die Strecke zwischen A und B, $\overrightarrow{A\,B}$ den Strahl, der von A über B ins Unendliche geht, und $\overleftrightarrow{A\,B}$ die unbegrenzte Gerade, welche aus der Strecke A B vermöge der unbegrenzten Fortsetzbarkeit nach beiden Seiten hin entspringt.

In § 3 ergab sich die Gleichung der Geraden, welche durch 2 gegebene Punkte $A \left\{ (x_1 \; y_1) \right.$ und $B \left\{ (x_2 \; y_2) \right.$ geht. Insofern der Punkt P jeder beliebige Punkt der Geraden sein kann, nennt man ihn beweglichen oder laufenden Punkt, und bezeichnet ihn (genauer seine Koordinaten) mit x y. Dann ist

$$5) \quad \frac{y - y_1}{x - x_1} = \frac{y_2 - y_1}{x_2 - x_1} \quad \left[\text{oder auch} \; \frac{y - y_2}{x - x_2} = \frac{y_1 - y_2}{x_1 - x_2} \right]$$

Die Gleichung 5) lässt sich umformen: man schafft die Nenner weg, streicht auf beiden Seiten $x_1 \, y_1$ und reduziert auf 0; das giebt

$$5^a) \quad (x_1 \, y_2 - x_2 \, y_1) + (x_2 \, y - x \, y_2) + (x \, y_1 - x_1 \, y) = 0$$

abgekürzt D = 0. Die Bedeutung der Form tritt hervor, wenn man die Gleichung mit $\frac{1}{2}$ sin w multipliziert (w bezeichnet den Koordinatenwinkel). Man sieht

dann, dass nach 2^h) $\frac{1}{2}$ sin w $(x_1\, y_2 - x_2\, y_1)$ der Inhalt

des Dreiecks O A B ist und $\frac{1}{2}$ D sin w nichts andres als

der Inhalt des Dreiecks A B P. Die Gleichung 5^a (äqui-

valent mit 5) sagt also aus, dass wenn P auf $\overset{\leftarrow \;\; \rightarrow}{A\ B}$ liegt,

der Inhalt des Dreiecks A B P verschwindet, ist also
wieder die Uebersetzung einer charakteristischen Eigenschaft der Geraden in die Sprache der Algebra. Umgekehrt ist ebenso klar, dass, wenn Dreieck A B keinen
Flächeninhalt hat, der Punkt P in der Geraden A B liegt.

Ist A $\{$(a|o) und B $\{$ (o|b) d. h. liegt A in der x-
Axe und B in der y-Axe, so geht 5) nach leichter Um-
formung über in

6) $\dfrac{x}{a} + \dfrac{y}{b} = 1$;

das ist die sogen. A x e n g l e i c h u n g der Geraden, oder
auch A x e n f o r m (der Gleichung) der Geraden; schafft
man die Nenner fort, so erhält man x b + y a = ab,
und daraus (nach Multiplication mit sin w) den bekannten Satz von der Gleichheit der Ergänzungs-
parallelogramme; und umgekehrt ist 6) die Uebersetzung dieses Satzes in die Koordinaten-Sprache.

In § 3 ergab sich allgemein $\dfrac{y_2 - y_1}{x_2 - x_1} = \dfrac{\sin \alpha}{\sin (w - \alpha)}$
und für ein rechtwinkliges System war dies tg α. Der

Quotient $\dfrac{\sin \alpha}{\sin (w-\alpha)}$ bezw. tg α heisst der **Richtungs-faktor** der Geraden und werde mit r bezeichnet. Eine Vertauschung von $(x_1 \; y_1)$ mit $(x_2 \; y_2)$ bewirkt nur eine Veränderung von α um 2 Rechte, ändert also den Wert von r nicht, so wenig wie die Vertauschung von $x_2 \,|\, y_2$ mit $x_1 \,' y_1$. Durch Einführung von r geht die Gleichung der Geraden über in

$$7) \quad y-y_1 = r\,(x-x_1).$$

Die Gleichung tg $\alpha = \dfrac{r \sin w}{1 + r \cos w}$ bestimmt dann die beiden um 2. R. verschiedenen Winkel, welche die von $(x_1 \,|\, y_1)$ ausgehenden Strahlen der Geraden 7) mit $+ X$ bilden.

Der Parallelismus zweier Geraden ist äquivalent der Gleichheit ihrer Richtungsfaktoren.

Ist $(x_1 \,|\, y_1) \; \cdot (0 \,|\, b)$, so erhält man aus 7

$$7^a) \quad y - r\,x - b = 0.$$

Die linke Seite dieser Gleichung 7^a bezeichnet man als **Form L** der Geraden, indem man $y - rx - b \quad$ L setzt. Für die Punkte der Geraden nimmt die Form den Spezialwert 0 an, während für jeden Punkt P $\big\{ (x_p \,' y_p)$, der nicht auf der Geraden liegt, der „**orts-fremd**" ist, die Form $L_p = y_p - rx_p - b$ von Null verschieden ist.

Die beiden Gleichungen 6 und 7^a sind dadurch ausgezeichnet, dass sie die Gerade nur durch 2 Konstanten, d. i. fest gegebene Zahlen bestimmen. Durch alle Werte von a und b, ausgenommen 0, bezw. von r und b, ausgenommen $+ \infty$, ist eine und nur eine Gerade bestimmt; umgekehrt bestimmt jede Gerade, die

nicht durch den Nullpunkt geht, ein Wertsystem von
a und b, und jede Gerade mit Ausnahme der Y-Axe
und ihrer Parallelen ein Wertsystem von r und b. Mit
der angegebenen Einschränkung sind also a und b,
bezw. r und b Koordinaten der geraden Linie im
Sinne der Definition, es sind Linienkoordinaten.

— — — —

Die sämtlichen Gleichungen, welche für
eine Gerade aufgestellt sind, stimmen darin
überein, dass sie in x und y vom ersten
Grade sind. Umgekehrt ist jede Gleichung
vom ersten Grade in x und y: $\alpha x + \beta y - \gamma = 0$
(abgekürzt: $U = 0$) die Gleichung einer Geraden. Denn
wenn γ 0, so kann man U durch γ dividieren und
erhält, wenn man $\dfrac{\gamma}{\alpha} = a$ und $\dfrac{\gamma}{\beta} = b$ setzt:

$$A = \frac{x}{a} + \frac{y}{b} - 1 \quad 0,$$ d. h. die Gleichung der
Geraden, die durch die Punkte (a o) und (o b) geht.
Dividiert man U durch β, und setzt man $\alpha/\beta = -r$, so
erhält man $L = y - rx - b = 0$, d. h. die Gleichung der
Geraden, welche durch den Punkt (o b) geht und den
Richtungsfaktor r hat. Diese Gleichung giebt für
$y = 0, x = -\dfrac{b}{r}$ a, woraus die Identität der Ge-
raden $A = 0$ und $L = 0$ hervorgeht.

Ist in U die Grösse $\gamma = 0$, so wird durch β dividiert; ist β auch gleich 0, so hat man $x = 0$ und dies
ist die Gleichung der Y-Axe, wie $y = 0$ die Gleichung
der X-Axe ist.

Da also jede Gleichung ersten Grades eine gerade Linie darstellt, so ist es gerechtfertigt, die Gleichungen ersten Grades lineare zu nennen, da linea ursprünglich nur die Gerade bedeutet. So stellt z. B. die Gleichung $2x - 3y - 1 = 0$ die Gerade dar, welche die Strecke $\frac{1}{2}$ von $+X$ und die Strecke $\frac{1}{3}$ von $-Y$ abschneidet; der Richtungsfaktor τ ist $\frac{2}{3}$, wird w als $60°$ angenommen, so ist $\alpha = 23° 24' 47''$.

Die Gleichung $10x + 4y - 6 = 0$, identisch mit $5x + 2y - 3 = 0$, stellt die Gerade dar, welche die Strecke $0,6$ von $+X$ und die Strecke $1,5$ von $+Y$ abschneidet, der Richtungsfaktor τ ist $-2,5$ d. h. für $w = 30°$ ist $\alpha = 47° 0' 51''$.

Ist $\tau = 1$, so ist $\sin \alpha = \sin(w - \alpha)$, also da w nicht gleich 2 Rechten sein kann, $\alpha = w/2$ bezw. $w/2 + 180$. Die Gerade $y - x = 0$ halbiert also den Koordinatenwinkel und seinen Scheitelwinkel.

Ist $\tau = -1$, so ist $\sin \alpha = -\sin(w - \alpha)$, also $\alpha = w/2 + 90$ bezw. $w/2 + 270$. Die Gerade $y + x = 0$ halbiert also den Nebenwinkel von w.

Die Gleichungen $y - x - b = 0$ und $y + x - b^1 = 0$ stellen stets zwei Gerade dar, welche den Winkelhalbierenden des Axenkreuzes parallel sind, also aufeinander senkrecht stehen. Ist $w = 90$, so teilen die beiden Schaaren von Geraden, welche man erhält, wenn man b und b^1 alle möglichen ganzzahligen Werte giebt, die Ebene in kongruente Quadrate mit der Diagonale 1 (die Mitten dieser Quadrate haben in der Theorie der komplexen Zahlen eine gewisse Bedeutung.)

§ 6. Kombination zweier Geraden.

Die Koordinaten des Schnittpunktes zweier Geraden $U_1 = 0$ und $U_2 = 0$ sind durch die Forderung, beiden linearen Gleichungen zu genügen, eindeutig bestimmt. Seien z. B. $L_1 = y - r_1\, x - b_1 = 0$ und $L_2 = y - r_2\, x - b_2 = 0$ gegeben, so werden die Koordinaten des Schnittpunktes $S\, \{\, (x_s\,|\,y_s)$ bestimmt durch die beiden Gleichungen

$$y_s - r_1\, x_s - b_1 = 0$$
$$y_s - r_2\, x_s - b_2 = 0.$$

Es ergiebt sich: $x_s = \dfrac{b_1 - b_2}{r_2 - r_1}$ und $y_s = \dfrac{b_1\, r_2 - b_2\, r_1}{r_2 - r_1}$

S ist also völlig bestimmt, ausser für $r_2 = r_1$. In diesem Falle werden x_s und y_s beide unendlich, der Punkt S existiert im Endlichen nicht, man sagt seit **Desargues 1639, S liege im Unendlichen,** und findet in $r_2 = r_1$ die schon bekannte Bedingung für den Parallelismus von L_1 und L_2 wieder.

Ist $b_1 : b_2 = r_1 : r_2$, so ist $y_s = 0$, d. h. S liegt auf der X-Axe, ist $b_1 = b_2$, so liegt S auf der Y-Axe, was a priori aus der Bedeutung von b klar ist.

Nächst dem Schnittpunkt interessiert der Winkel ϑ, den L_1 mit L_2 einschliesst. Um hier die Zweideutigkeit auszuschliessen, verstehen wir darunter den Winkel, um welchen man die Gerade L_1 im positiven Sinne drehen muss, damit sie in die Richtung von L_2 gelange. Also ist dieser Winkel ϑ gleich $a_2 - a_1$. Für

$w = 90^0$ ist tg $\vartheta = \dfrac{r_2 - r_1}{1 + r_1\, r_2}$. Ist $r_1 = r_2$, so ist $\vartheta = 0$, bezw. 2 Rechte. Ist $\vartheta = 90°$, so ist $1 + \tau_1 \tau_2 = 0$, und umgekehrt ist

8) $\tau_1 \tau_2 + 1 = 0$

für rechtwinklige Koordinaten die Bedingung dafür, dass zwei Geraden auf einander senkrecht stehen.

Ist w = 90°, so erhält man

$$\operatorname{tg} \vartheta = \frac{\sin w \, (\tau_2 - \tau_1)}{1 + \tau_1 \tau_2 + \cos w \, (\tau_1 + \tau_2)}$$ und daraus als Bedingung des Senkrechtstehens

8ª) $1 + \tau_1 \tau_2 + \cos w \, (\tau_1 + \tau_2) = 0$.

Beispiele: 1) $L_1 = y - \dfrac{2}{3} x - \dfrac{1}{3} = 0$

$$L_2 = y - 2x - 3 = 0$$

$x_s = -2$, $y_s = -1$, wie sofort zu verifizieren dadurch, dass man diese Werte für x und y in beide Gleichungen einsetzt.

2) $L_1 = y - 2x + 1 = 0$; $L_2 = y + \dfrac{1}{2} x - 1 = 0$,

w sei 90°, dann ist $1 + \tau_1 \tau_2 = 0$, also $\vartheta = 90°$; $x_s = 0,8$, $y_s = 0,6$.

———

Die Gleichung $U_3 = \lambda \, U_1 + \mu \, U_2 = 0$, wo λ und μ beliebige Konstanten sind, ist linear und stellt eine Gerade dar, welche durch den Schnittpunkt S der Geraden $U_1 = 0$ und $U_2 = 0$ hindurchgeht.

Umgekehrt ist jede Gleichung $U_3 = 0$ einer Geraden, welche durch den Schnittpunkt S der Geraden $U_1 = 0$, $U_2 = 0$ hindurchgeht, von der Form $\lambda \, U_1 + \mu \, U_2 = 0$.

Der einfachste Beweis dieses Satzes, der Methode

nach, wäre es, in die Gleichung (7) $U_3 = y - y_s - r(x - x_s) = 0$ der Geraden, welche durch S geht, für x_s und y_s ihre Werte einzusetzen; man erhält dann durch etwas Rechnung $U_3 = (\beta_2 r + \alpha_2) U_1 - (\beta_1 r + \alpha_1) U_2$. Man sieht aber auch ohne Rechnung, dass, falls U_1 und U_2 die Formen verschiedener Geraden sind, jede lineare Form $U_3 = \alpha x + \beta y - \gamma$ sich in die Gestalt $\lambda U_1 + \mu U_2 + c$ bringen lässt, wo die Gleichungen $\alpha = \lambda \alpha_1 + \mu \alpha_2$ und $\beta = \lambda \beta_1 + \mu \beta_2$ die Zahlen λ und μ bestimmen, und c von x und y unabhängig ist. $U_3 = 0$ stellt eine Gerade dar; soll sie durch S hindurchgehen, so muss U_3 für $(x_s\ y_s)$ gleich 0 sein, d. h. wenn U_1 und U_2 beide gleich 0 sind, muss $U_3 = 0$ sein, d. h. $c = 0$.

Man kann die Relation zwischen 3 Geraden, welche durch denselben Punkt gehen, auch in die Form bringen:

$$9)\quad \lambda_1 U_1 + \lambda_2 U_2 + \lambda_3 U_3 = 0;$$

sie ist symmetrisch und folgt aus der Identität von $f(x'y) = 0$ mit $c\,f(x\cdot y) = 0$ (Schluss von § 4).

Kombiniert man eine Gerade $L = y - rx - b = 0$ mit einem ortsfremden Punkt P $\{$ $(x_p' y_p)$ (Fig. 5), so interessiert zunächst der Abstand PQ. Es ist $PB = PC - BC = y_p - BC$. BC ist $= rx_p + b$, also $PB = y_p - rx_p - b = L_p$, wo L_p den Wert bedeutet, den die Form L für die Werte $x = x_p$ und $y = y_p$ annimmt. L_p ist also der in der Richtung von $-y$ gemessene Abstand des Punktes P von der Geraden, speziell ist $L_0 = -b$.

Für die absolute Länge von PQ erhalten wir hier

$+L_p \sin(a-w)$. Damit PQ, der Abstand im engern Sinne, immer das Zeichen von L_p habe, setzen wir ihn $= L_p \sin(w-a)$, wenn wir nach Weierstrass den absoluten Betrag irgend einer Zahlengrösse z mit 'z' bezeichnen.

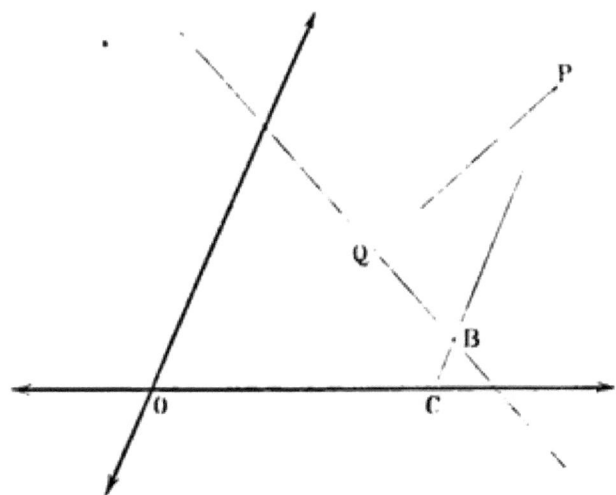

Fig. 5.

Die Gleichung der Geraden $\overleftrightarrow{PQ}$ ist (7 und 8) für rechtwinkliges Koordinatensystem:

$$10) \quad y - y_p = - \frac{1}{\iota} (x - x_p).$$

Ist $w = \pm 90^\circ$, so ist

$$y - y_p = - \frac{1 + \iota \cos w}{\iota + \cos w} (x - x_p)$$

Für die Parallele durch P zu L gilt bei beliebigem w die Gleichung

$$10^a) \quad y - y_p = \iota (x - x_p)$$

§ 7. Die Hesse'sche oder Normalform der Geraden.

Gegeben ein Parallel-Koordinatensystem mit dem Koordinatenwinkel w (Fig. 6). Sei O′ ein beliebiger

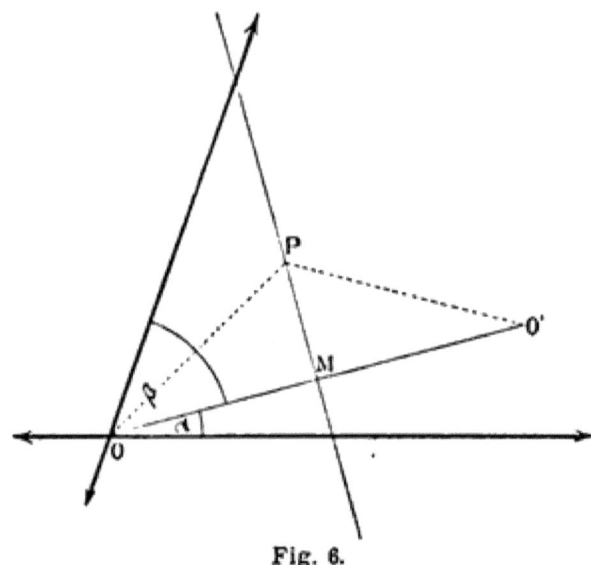

Fig. 6.

Punkt, die Mitte von O O′ sei M $\{$ $(\lambda|\mu)$ und O M = p. Alsdann ist O′ $\{$ $(2\lambda|2\mu)$.

Sei P $\{$ $(x|y)$ ein Punkt, der von O und O′ gleichen Abstand hat, alsdann ist nach 2)

$$(x-2\lambda)^2 + (y-2\mu)^2 + 2(x-2\lambda)(y-2\mu)\cos w$$
$$= x^2 + y^2 + 2xy\cos w$$

also da: $\lambda^2 + \mu^2 + 2\lambda\mu\cos w = p^2$, folgt nach Division mit 4:

a) $x(\lambda + \mu\cos w) + y(\mu + \lambda\cos w) - p^2 = 0$.

Da aber $\lambda : p = \sin\beta : \sin w$; $\mu : p = \sin\alpha : \sin w$, ferner $\sin\beta = \sin(w-\alpha)$ und $\sin\alpha = \sin(w-\beta)$, so folgt

b) $x \cos \alpha + y \cos \beta - p = 0$ und nebenbei:

c) $\cos \beta = \cos (w - \alpha) \cos \alpha = \cos (w - \beta)$.

Da b) linear in x und y, so ist analytisch bewiesen, dass der Ort des Punktes P eine gerade Linie ist, die durch M geht.

Da mit Benutzung von a) sofort ersichtlich, dass $OM^2 + MP^2 = OP^2$ ist, so steht M P auf O O' senkrecht. Da nun zu jeder Geraden der Gegenpunkt O' in Bezug auf O konstruiert werden kann, so ist b) die Gleichung aller Geraden, wenigstens aller, für die O M in I liegt.

Damit b) für alle Geraden gelte, setzen wir fest:

1) dass α, im positiven Sinne gezählt, gleich oder grösser als 0 und kleiner als π sei;

2) dass p positiv oder negativ genommen werde, je nachdem der Strahl $\overrightarrow{OM}$ selbst Schenkel des Winkels α ist, oder seine Verlängerung über 0.

3) dass β den Winkel misst, um den man den beweglichen Schenkel von α im positiven Sinne drehen muss, damit er auf $+Y$ fällt.

Danach gilt b) allgemein für jedes Parallelkoordinatensystem und jede Gerade M P, und wir haben in der linken Seite von b) die Hesse'sche oder Normalform der Geraden*), wir werden sie mit H bezeichnen, so dass also

11) $H = x \cos \alpha + y \cos \beta - p = 0$

die allgemeine Gleichung der geraden Linie ist. Die Form H enthält die beiden Richtungsfaktoren $\cos \alpha$

---

*) Die Festsetzungen weichen von denen Hesse's ab, der p stets positiv nimmt und α von 0 bis 2π zählt.

und $\cos \beta$, zwischen denen die Relationen c) bestehen, und dazu noch den Abstand p, sie hängt also nur von 2 Konstanten ab, sie gilt auch noch, wenn $p = 0$ ist. Da von O auf alle Geraden, welche untereinander parallel sind, nur Eine senkrechte Gerade geht, so haben parallele Gerade gleiche Richtungsfaktoren, und unterscheiden sich nur durch die verschiedenen Werte des p.

Sind $x \cos \alpha + y \cos \beta - p = 0$ und $x \cos \alpha + y \cos \beta - p' = 0$ oder kürzer $H = 0$ und $H^1 = 0$ die Gleichungen zweier paralleler Geraden, so misst $p_1 - p$ den Abstand der Parallelen H_1 von H; derselbe ist positiv oder negativ, je nachdem die Richtung eines von H_1 nach H gefällten Lothes der Richtung des Strahles O M entgegengesetzt oder gleich ist.

Die Gleichung der Parallelen H^1 kann geschrieben werden

$$x \cos \alpha + y \cos \beta - p = d.$$

Giebt man hierin d alle Werte von $-\infty$ bis $+\infty$, so genügt jeder Punkt $P \left\{ (x_p \ y_p) \right.$ einer dieser Gleichungen und

$$d_p = x_p \cos \alpha + y_p \cos \beta - p$$

misst den Abstand P Q des Punktes P von der Geraden H, wenn man P Q positiv oder negativ nimmt, je nachdem der Strahl P Q dem freien Schenkel des Winkels α entgegengesetzt oder gleichgerichtet ist.

Die Gerade H erscheint hier als der Ort der Punkte, welche von ihr den Abstand $d = 0$ haben.

Die Hesse'sche Form hat 3 Vorzüge,

sie gilt 1) für alle Koordinatenwinkel, 2) für alle Geraden, 3) giebt sie für jeden ortsfremden Punkt durch Einsetzung seiner Koordinaten in die Form den Abstand.

Der Uebergang von der allgemeinen Form U zur Hesse'schen Form H vollzieht sich folgendermassen.

Sei $U = ax + by - \gamma$ eine beliebige lineare Gleichung, und $\mu U = H$, wo μ eine Konstante, so stellen $U = 0$ und $H = 0$ dieselbe Gerade dar (Schluss von § 4). Es muss dann $\mu a = \cos \alpha$, $\mu b = \cos \beta$, $\mu \gamma = p$ sein. Da nach Gleichung c) $\cos \beta = \cos (w - \alpha)$, so ist

$$\mu = \frac{\sin w}{\pm \sqrt{a^2 + b^2 - 2\,ab \cos w}}.$$

Das Zeichen der Wurzel ist durch die Gleichung $\cos \alpha = \mu a$ bestimmt, da $\operatorname{tg} \alpha = \dfrac{b - a \cos w}{a \sin w}$, so ist α, weil $< \pi$, völlig bestimmt; und somit auch $\cos \alpha$. Ist $\operatorname{tg} \alpha > 0$, so ist auch $\cos \alpha > 0$, μ hat das Zeichen von a, ist $\operatorname{tg} \alpha < 0$, so ist $\cos \alpha < 0$, μ hat das Zeichen von $-a$. Ist $w = 90^\circ$, so ist $\operatorname{tg} \alpha = \dfrac{b}{a}$, die Wurzel hat das $+$ Zeichen, wenn b und a gleiches Zeichen haben, das Minuszeichen im entgegengesetzten Falle. Ist $b = 0$ und $w = 90^\circ$, so gilt das Zeichen von a. Ist $a = 0$, so ist $\alpha = 90^\circ$, $\beta = \dfrac{3}{2} \pi + w$.

Ganz ähnlich vollzieht sich der Uebergang von der Axenform $\dfrac{x}{a} + \dfrac{y}{b} - 1$ zur Hesse'schen, nur dass μ gleich p ist.

§ 8. Gerade durch denselben Punkt, harmonische Beziehung.

Schon in § 6 ergab sich als nötige und hinreichende Bedingung dafür, dass drei Grade $U_1 = 0$; $U_2 = 0_1$; $U_3 = 0$ (kürzer: U_1; U_2; U_3) durch denselben Punkt S gehen, die Relation:

9) $\lambda_1 U_1 + \lambda_2 U_2 + \lambda_3 U_3 = 0$, wo die λ Konstanten; sie sagt aus, dass jede der U verschwindet, wenn die beiden anderen U zugleich 0 sind. Da allgemein $cU = 0$ wenn c eine Konstante $\Big\{ U = 0$ (§ 4 Schluss), so kann man der Relation 9 auch die Form geben:

12) $U_3 = U_1 - \lambda U_2$

Die Gleichungen der Geraden U_1 und U_2 mögen in der Normalform gegeben sein d. h. $U_1 = H_1$; $U_2 = H_2$, dann ist $U_3 = H_1 - \lambda H_2$ die Gleichung einer Geraden, welche durch den Schnittpunkt S von H_1 und H_2 geht. Lässt man λ von $-\infty$ bis $+\infty$ variieren, so stellt $H_1 - \lambda H_2$ alle durch S gehenden Geraden dar, sobald man festsetzt, dass für $\lambda = \pm \infty$ U_3 $\Big\{ H_2$ sei. Für eine bestimmte unter ihnen ist λ konstant, und da für sie $\lambda = H_1 : H_2$, so folgt, dass längst der Geraden U_3 auch $H_1 : H_2$, das ist das Verhältnis der Abstände aller Punkte auf U_3 von den Geraden H_1 und H_2, konstant ist und umgekehrt folgt, dass der Ort aller Punkte, deren Abstände von zwei festen Geraden ein festes Verhältnis haben, eine durch S gehende Gerade $U_3 = H_1 - \lambda H_2$ ist.

Bezeichnet man die Winkel, welche U_3 mit H_1 und H_2 macht (in Fig. 7 durch die spitzen Winkel zwischen

H_1 und H_2 gezogen) mit u und v, so ist $\lambda = \pm \dfrac{\sin u}{\sin v}$
je nachdem die beiden Abstände H_1 und H_2 gleiches
oder entgegengesetztes Vorzeichen haben, was von der
Lage des Axenkreuzes abhängt. Innerhalb des Winkels
(u + v) kehrt dasselbe λ für keine zweite Gerade U
wieder, da λ das Zeichen nicht wechselt und die absoluten Beträge von λ, wenn U sich von H_1 durch den
Winkel (u + v) nach H_2 dreht, fortwährend wachsen,
von 0 bis ∞. Tritt dagegen die sich drehende Gerade
in den Nebenwinkelraum, so behält der eine Abstand
seine Richtung und der andere wechselt sie d. h. λ
wechselt sein Zeichen, die absoluten Beträge des λ
fallen von ∞ bis 0. Zu jedem Wert des λ innerhalb
(u + v) gehört also ein anderer z u g e o r d n e t e r λ^1 im
Nebenwinkelraum, so dass $\lambda^1 + \lambda = 0$ ist. λ^1 ist wieder
$= \pm \dfrac{\sin u^1}{\sin v^1}$. Ist $U_3 = H_1 - \lambda H_2$, so ist $U_4 = H_1 + \lambda H_2$
sein zugeordneter Strahl bezw. Gerade.

Man sagt: Die Geraden (Strahlen) H_1; H_2; U_3; U_4
bilden ein h a r m o n i s c h e s S t r a h l e n b ü s c h e l, oder
auch: Die Geraden H_1 und H_2 werden durch U_3 und
U_4 h a r m o n i s c h g e t r e n n t.

Man sieht sofort, dass U_3 der zu H_1; H_2; U_4 zu
U_4 zugeordnete (k o n j u g i e r t e) harmonische Strahl ist.
Aus $U_3 = H_1 - \lambda H_2$, $U_4 = H_1 + \lambda H_2$ folgt:

$H_1 \left\{ \frac{1}{2} (U_3 + U_4) \left\{ \mu_3 H_3 + \mu_4 H_4, \right. \right.$

$\lambda H_2 \left\{ \frac{1}{2} (U_4 - U_3) \left\{ \mu_3 H_3 - \mu_4 H_4 \right. \right.$

Da allgemein (nach § 4 Schluss) $\mu U = c H$, so
heisst dies:

$$\text{H}_1 \{ \text{H}_3 - v\,\text{H}_4 ; \ \text{H}_2 \{ \text{H}_3 + v\,\text{H}_4$$

d. h. die Geraden U_3 und U_4 werden auch umgekehrt durch H_1 und H_2 harmonisch **getrennt, und man sieht, dass allgemein**

$$U_1 = 0; \ U_2 = 0; \ U_1 - \lambda U_3; \ U_1 + \lambda U_2$$

die Gleichungen vier harmonischer Geraden sind.

Da die harmonische Beziehung von 4 Geraden nur von den Winkeln u, v, u', v' der Strahlen unter sich abhängt, so folgt: **Die harmonische Beziehung ist vom Koordinatensystem unabhängig, ist sie also für irgend ein Koordinatensystem nachgewiesen, so ist sie es auch für jedes andere.**

Schneidet man ein harmonisches Büschel durch eine beliebige Gerade, so wird das Büschel in vier harmonischen Punkten geschnitten.

Beweis: Man kann die Schnittgerade AQ zur x-Axe machen, U_1 zur y-Axe. Dann haben wir für U_1 : $x = 0$;

U_2 sei $\dfrac{x}{a} + \dfrac{y}{b} - 1$, dann ist $U_3 = x - \lambda U_2$;

$U_4 = x + \lambda U_2$. A ist dann $(0 \,{|}\, 0)$, $AC = a$; C ist der Punkt auf U_2, für den $y = 0$, also $C \{ (a \ 0)$;

$AP = \dfrac{-a\lambda}{a - \lambda}$, $AQ = \dfrac{a\lambda}{a + \lambda}$, woraus unter Berücksichtigung, dass P innerhalb und Q ausserhalb, sofort

$$\frac{AP}{CP} = \frac{-AQ}{CQ}.$$

Umgekehrt folgt:

Verbindet man irgend vier harmonische

Punkte mit einem Punkte S, so entsteht ein harmonisches Büschel. Zieht man von einem Punkt Q auf einen der Strahlen z. B. U_4 (Fig. 7) zwei Querlinien (Transversalen) durch das Büschel, und verbindet ihre Schnittpunkte auf den nicht zu U_4 zugeordneten Strahlen über Kreuz, so schneiden sich diese Verbindungslinien auf dem zu U_4 konjugierten Strahl U_3.

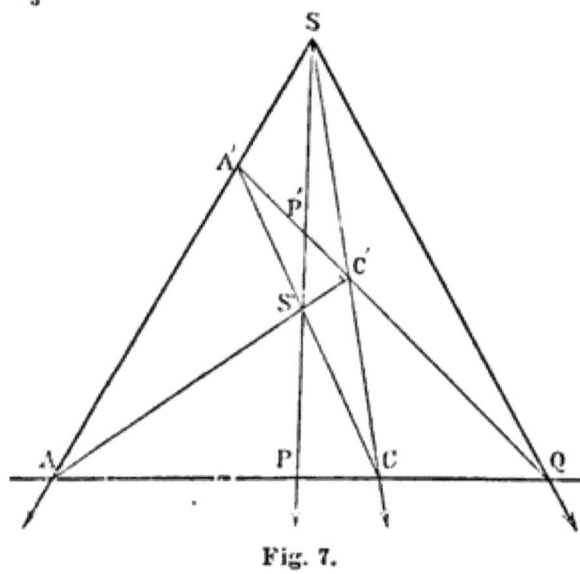

Fig. 7.

Der Satz ist eine unmittelbare Folge des vorigen und der Eindeutigkeit der harmonischen Beziehung. Der analytische Beweis giebt aber ein gutes Beispiel, welchen Nutzen die freie Verfügbarkeit über das Koordinatensystem gewährt.

Sei (Fig. 7) U_1 die X-Axe, U_2 die Y-Axe, so dass also $U_1 = y$; $U_2 = x$; $U_3 = y - \lambda x$ $U_4 = y + \lambda x$ ferner A $\{$ (a $\cdot$ 0); A^1 $\{$ $(a^1 | 0)$; C $\{(0|c)$; $C^1\{(0 c^1)$

Dann ist (Gerade $AC = \overleftrightarrow{AC}$).

$$\overleftrightarrow{AC}\left\{\frac{x}{a}+\frac{y}{c}-1; \quad \overleftrightarrow{A^1C^1}\left\{\frac{x^1}{a^1}+\frac{y}{c^1}-1\right.\right.$$

$$\overleftrightarrow{AC^1}\left\{\frac{x}{a}+\frac{y}{c^1}-1; \quad \overleftrightarrow{A^1C}\left\{\frac{x}{a^1}+\frac{y}{c}-1\right.\right.$$

Da U_4 durch den Schnittpunkt Q von $\overleftrightarrow{AC}$ und $\overleftrightarrow{A^1C^1}$ hindurchgeht, so ist $U_4\left\{\overleftrightarrow{AC}-\gamma\overleftrightarrow{A^1C^1}\right.$, und da U_4 durch $S\left\{(0\,|\,0)\right.$ geht, so ist $\gamma=1$. Ebenso ist für die Gerade, welche den Schnittpunkt S^1 von AC^1 und A^1C mit S verbindet, deren Form $\overleftrightarrow{AC^1}-\gamma^1\overleftrightarrow{A^1C}$ ist, $\gamma^1=1$, und da $\overleftrightarrow{AC^1}--\overleftrightarrow{A^1C}$ von $\overleftrightarrow{AC}-\overleftrightarrow{A^1C^1}$ (d. h. U_4) nur durch das Vorzeichen von y unterschieden, so ist $S\,S^1\left\{U_3\right.$

Wird das Viereck $SA^1S^1C^1$ als System der 4 Geraden, welche seine Seiten bilden, aufgefasst, so gehören zum vollständigen Vierseit auch die Ecken A und C, während SS^1, AC und A^1C^1 die drei Diagonalen sind und man hat den Satz:

Im vollständigen Vierheit teilen die Diagonalen einander harmonisch.

Der Satz lässt sich auch fast frei von Rechnung beweisen mit demselben Gedankengang wie in der gewöhnlichen Geometrie.

Seien: U_1; U_2; $U_1 - \lambda\,U_2$; $U_1 + \lambda\,U_2$ ein harmonisches System, und U_1; U'_2; $U_1 - \lambda' U'_2$; $U_1 + \lambda' U'$ ein zweites, welches mit dem ersten Einen Strahl, hier U_1 gemeinsam hat. Es ist:

$$U_3 - U'_3 = U'_4 - U_4 = \lambda' U'_2 - \lambda U_2$$

und da $U_1 = U'_1$, so heisst dies: Die 4 harmonischen Strahlenpaare schneiden sich auf ein und derselben Geraden.

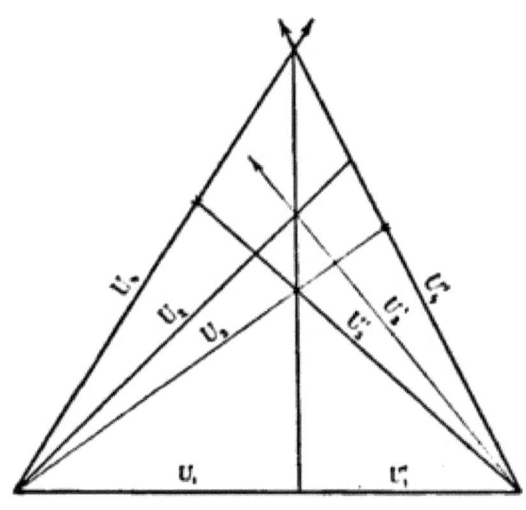

Fig. 8.

Da ferner:

$$U_4 - U'_3 = U'_4 - U_3 = \lambda U_2 + \lambda' U'_2, \text{ und } U_1 = U'_1,$$

so liegen auch die Schnittpunkte von U_4 und U'_3, U'_4 und U_3, U_2 und U'_2, U_1 und U'_1 (letzteres U_1) auf Einer Geraden. Dies ist der Satz vom vollständigen Vierseit, und zwar in der übersichtlichen Fassung:

Durch jede Ecke eines vollständigen Vierseits gehen 3 Strahlen, die beiden Seiten und eine Diagonale, der zur Diagonale zugeordnete

4. harmonische Strahl ist die Gerade, welche die Ecke mit dem Schnittpunkt der beiden nicht durch diese Ecke gehenden Diagonalen verbindet.

Beim ersten Beweis ergiebt sich durch Vergleich von $U_1 \left\{ y + \lambda x \right.$ und $U_2 \left\{ \overset{\leftarrow \; \dashrightarrow}{AC} - \overset{\leftarrow \; \dashrightarrow}{C'A'} \right.$

$$\lambda = - \left(\frac{1}{a} - \frac{1}{a'} \right) : \left(\frac{1}{c} - \frac{1}{c'} \right)$$

$$\lambda = - \frac{AA'.SC.SC'}{CC'.\overline{SA}.\overline{SA'}}$$

Da λ nach § 8 gleich dem (mit bestimmten Vorzeichen versehenen) Verhältnis der Abstände des Punktes Q von U_1 und U_2 ist, so ist

$$\pm \lambda = AQ \sin \alpha : CQ \sin \gamma,$$

wo α den Winkel SAQ und γ den Nebenwinkel von SCQ bezeichnet. Nach dem Sinussatz ist $\sin \alpha : \sin \gamma = SC : SA$.

also $\pm \lambda = \dfrac{AQ}{CQ} \dfrac{SC}{SA}$

somit $\pm \dfrac{AQ}{CQ} = \dfrac{AA'}{CC'} \dfrac{SC'}{SA'}$ oder

13) $\dfrac{AA'.SC'.CQ}{SA'.CC'.AQ} = -1$

Das Minuszeichen ist eine Folge der Festsetzungen in § 3 über die Teilungsverhältnisse einer Strecke.

Wir haben den Satz des Menelaos (98 p. Chr.)

Werden die 3 Seiten eines Dreiecks von einer Geraden (Transversalen) geschnitten, so sind die Produkte der Wechselabschnitte entgegengesetzt gleich.

Geht man von U_3 aus, so findet man, dass entweder $+$ oder $-\lambda$ auch gleich dem Verhältnis der Abstände des Punktes P von S A und SC ist, woraus sich ergiebt:

$$\frac{AA'.\,SC'.\,CP}{SA'.\,CC'.\,AP} = \therefore 1$$

Dies Resultat ist auch eine unmittelbare Folge von 13), wenn man bedenkt, dass $AP : CP = -\,AQ : CQ$ ist.

Wir haben damit den Satz des Ceva (1699):

Schneiden sich drei Ecktransversalen eines Dreiecks in einem Punkt, so sind die Produkte der Wechselabschnitte einander gleich.

Beide Sätze, Menelaos und Ceva, sind umkehrbar, und darin besteht ihre Bedeutung. Also:

Liegen 3 Punkte auf den 3 Seiten eines Dreiecks so, dass die Produkte der Wechselabschnitte entgegengesetzt gleich sind, so liegen die 3 Punkte in Einer Geraden.

Liegen 3 Punkte auf den Seiten eines Dreiecks so, dass die Produkte der Wechselabschnitte gleich sind, so schneiden sich die 3 zugehörigen Ecktransversalen in Einem Punkte.

Man sieht, dass so bald man einen Teilungspunkt einer Dreieckseite durch seine harmonischen (in Bezug auf die Ecken) ersetzt, die Gleichungen des Menelaos und Ceva in einander übergehen, es gehören also immer 4 Sätze zusammen, als eine Gruppe, welche durch Vertauschung eines Punktes, zweier Punkte, dreier Punkte, mit ihren harmonischen auseinander folgen.

Es mag auch bemerkt werden, dass der Satz vom vollständigen Vierseit eine unmittelbare Folge des Menelaos und Ceva ist. Von beiden Sätzen giebt es zahlreiche Anwendungen, so lassen sich z. B. die Sätze über die Winkelhalbierenden des Dreiecks, der Satz über das Schneiden der 3 Höhen, der drei Mittelsenkrechten etc. ohne Mühe mittelst des Ceva beweisen. Unmittelbar klar ist, dass die 3 Schwer- oder Mittellinien sich in einem Punkte schneiden. Ebenso leuchtet der Satz ein: Die Linien, welche die Ecken eines Dreiecks mit den Berührungspunkten des Inkreises verbinden, schneiden sich im selben Punkt.

Denn die Tangenten von einem Punkt an einen Kreis sind gleich. Aus diesem Satz folgt sofort, indem man alle 3 Berührungspunkte durch ihre harmonischen Punkte ersetzt, der Satz:

Die 3 Berührungssehnen des Inkreises schneiden die Gegenseiten in 3 Punkten, welche auf Einer Geraden liegen.

Analoge Sätze gelten für die Ankreise.

———

Das harmonische System, welches sich am natürlichsten darbietet, ist das System H_1; H_2; $H_1 — H_2$; $H_1 + H_2$; in welchem λ den Wert 1 hat; nach der Festsetzung der Bedeutung von λ in § 8 ist klar, dass $H_1 — H_2$; $H_1 + H_2$ die Geraden sind, welche die 4 Winkelfelder zwischen H_1 und H_2 halbieren. Also:

Zwei sich schneidende Geraden und die beiden Halbierungslinien ihrer Winkel bilden ein harmonisches Strahlenbündel, so-

wie die Umkehrung (die beiden Winkelhalbierenden
stehen auf einander senkrecht, was auch analytisch sofort durch Gleichung 8 gezeigt werden kann).

**Wenn von vier harmonischen Strahlen
das eine Paar auf einander senkrecht steht,
so halbieren diese den Winkel zwischen dem
andern Paare.**

III. Abschnitt.

Der Punkt als Träger der sich in ihm
schneidenden Geraden.

§ 9. Die Gleichung des Punktes.

Seien $\cos \alpha$, $\cos \beta$, p die Koordinaten einer Geraden,
wo nach c) $\cos \beta = \cos(w - \alpha)$, also wenn $w = 90^\circ$
$\cos^2 \alpha + \cos^2 \beta = 1$ ist; haben $\cos \alpha$, $\cos \beta$, p feste Werte,
so bestimmen sie eine Gerade H $\{$ $x \cos \alpha + y \cos \beta - p$
$= 0$, wo x und y, als veränderlich und als Punktkoordinaten aufgefasst, alle Punkte dieser Geraden H
liefern. Sei P $\{$ $(x_1 \mid y_1)$ ein bestimmter unter ihnen, so
dass $x_1 \cos \alpha + y_1 \cos \beta - p = 0$, so sieht man, dass, wie
auch $\cos \alpha$, $\cos \beta$ und p sich ändern, wenn nur die Relation c) bestehen und die Gleichung $x_1 \cos \alpha + y_1 \cos \beta - p$
erfüllt bleibt, diese stets eine der unzähligen Geraden
darstellt, welche durch den Punkt P $\{$ $(x_1 \mid y_1)$ hindurchgehen. Bezeichnet man $\cos \alpha$, $\cos \beta$, p als variabel mit
u, v, w, und x_1 und y_1 als Konstante mit A, B, so
liefern die sämtlichen zulässigen Wertsysteme von u,

v, w alle Geraden und nur die Geraden, welche
durch den Punkt P $\left\{ \right.$ (A ᐧ B) hindurchgehen und dieser
erscheint als Träger der unzähligen Geraden, welche
die Gleichung darstellt:

1) A u + B v — w = 0.

Diese Gleichung heisst die Gleichung des
Punktes P $\left\{ \right.$ (A B) in (Normal-)Linienkoordi-
naten. Es liegen also alle Linien, deren
Koordinaten 1) genügen, auf Einem Punkt,
gerade wie alle Punkte, welche der Gleichung H = 0
genügen, auf Einer Geraden.

Es tritt hier das zuerst von Poncelet formulierte
wichtigste Prinzip der modernen Geometrie, das
Dualitätsprinzip, scharf zu Tage, wonach zu
jedem Satz über Punkte und Gerade (in der Ebene),
dual ein zweiter durch Vertauschung der Elemente:
Gerade und Punkt abgeleitet wird. Die Sätze von
der harmonischen Teilung, Menelaos und Ceva, waren
schon Beispiele dieses Gesetzes.

Gehen wir von der speziellen Form U = αx + βy — 1
aus, so bedeuten (cf. § 5, 6) α und β die reciproken
Werte der Abschnitte, welche die Gerade U auf den
Axen bildet. Bezeichnet man dann die Grössen α und
β, insofern jede Einzelne von ihnen unbeschränkt
veränderlich gedacht wird, mit u und v, so ist
au + bv — 1 = 0 die Gleichung jeder Geraden, welche
durch den Punkt P $\left\{ \right.$ (a ᐧ b) hindurch geht, und nur
dieser, somit ist

$$N = au + bv — 1.$$

die Gleichung des Punktes P in Linienkoordinaten.

Die Form N (die linke Seite der auf 0 gebrachten
Gleichung) heisst die **Normalform** (der Gleichung)
des Punktes, sie ist von der allgemeineren Form

$$M = au + bv - c = 0$$

nur dadurch verschieden, dass in N der Punkt in Punkt-
koordinaten bestimmt ist durch $P \begin{cases} (a \mid b) \end{cases}$, während er
in M durch die Koordinaten a/c und b/c bestimmt ist;
die Linienkoordinaten u und v haben in beiden Formen
die gleiche Bedeutung. Man sieht, dass es nur von
der Auffassung abhängt, ob eine Gleichung ersten
Grades zweier Variabeln (lineare) eine Gerade oder
einen Punkt darstellt.

§ 10. Punkte auf derselben Geraden.

Seien $W_1 = 0$; $W_2 = 0$ die Gleichungen zweier
Punkte P_1 und P_2. Sei $P \begin{cases} W \end{cases}$ ein dritter Punkt.
W kann als lineare Gleichung (cf. § 6) die Form er-
halten $\lambda_1 W_1 + \lambda_2 W_2 + \lambda_3$, wo die λ Konstanten. Für
diejenige Gerade des Punktes P, welche durch P_1 geht,
ist ausser W auch $W_1 = 0$, für die, welche durch P_2
geht, ist ausser W auch $W_2 = 0$, fallen beide Gerade
zusammen, so müssen alle drei W zugleich verschwinden,
d. h. λ_3 muss $= 0$ sein, wenn der Punkt P auf der
Geraden $P_1 P_2$ liegt, und umgekehrt. Also ist $\lambda_1 W_1 +$
$\lambda_2 W_2$ die Gleichung jedes Punktes, der auf der Geraden
liegt, welche die Punkte $P_1 \begin{cases} W_1 \end{cases}$ und $P_2 \begin{cases} W_2 \end{cases}$ (oder
kürzer die Punkte W_1 und W_2 verbindet. Man hätte
auch wörtlich den Gang von § 6 befolgen können. Die
Linienkoordinaten u_3 und v_3 der Verbindungsgeraden aus
$W_1 = 0$ und $W_2 = 0$ berechnen können.

Man würde wörtlich bis auf Vertauschung der
Worte Punkt und Gerade, die §§ 5 und 6 wiederholen können, und z. B. die Gleichung des Punktes
P der auf zwei gegebenen Linien $(u_1 | v_1)$ und $(u_2 | v_2)$
liegt, würde lauten:

$$v - v_1 = \frac{v_2 - v_1}{u_2 - u_1} \ (u - u_1)$$

Allgemein ist

$$W_1 \lambda_1 + W_2 \lambda_2 + W_3 \lambda_3 = 0$$

die Bedingung dafür, dass drei Punkte W_1, W_2
W_3 in einer Geraden liegen (cf. § 6, 9). Nach der Bemerkung vom Schluss des § 4 lässt sie sich auch auf
die Form bringen:

$$W = W_1 - \lambda W_2$$

wobei wieder festgesetzt wird, dass für $\lambda = \infty$, $W =$
W_2 ist.

Setzt man in die Form der Gleichung eines Punktes
N $\Big\{$ $a\,u + b\,v - 1$ die Koordinaten u_0 und v_0 einer

ortsfremden Gerade L, so ist $N_0 = != 0$, aber N_0 $\Big\{$ $\dfrac{H_n^L}{\mu}$.

wo μ (cf. § 6 Schluss) nur von u_0 und v_0 d. h. von L
abhängt; d. h. N_0 ist, abgesehen von dem für dieselbe
Gerade konstanten Faktor μ, der Abstand des
Punktes N von der Geraden L. Das Zeichen des
Abstandes bestimmt sich nach der in § 7 gegebenen
Regel, aus der folgt, dass für 2 Punkte, welche auf
derselben Seite von L liegen, bezw. für Geraden, welche
die Verbindungsstrecke beider Punkte nicht schneiden,
die Abstände dasselbe Zeichen haben, und im entgegengesetzten Falle entgegengesetztes.

Es sei für eine Gerade $u_\theta v_\theta$: $N_{1,\theta} + N_{2,\theta} = 0$, alsdann ist, wenn wir u_θ und v_θ, als, Einzeln betrachtet, beliebig variabel (u und v) ansehen: $N = N_1 + N_2 = 0$ 1) die Gleichung eines Punktes; 2) eines Punktes auf der Geraden, welche $P_1 \left\{ N_1 \text{ mit } P_2 \left\{ N_2 \text{ verbindet}; \right.\right.$ 3) eines Punktes, dessen Geraden von P_1 und P_2 entgegengesetzt gleichen Abstand haben, d. h.:

$N_1 + N_2 = 0$ ist die Gleichung der Mitte M von $P_1 P_2$. Sei $N = N_1 - N_2 = 0$, so ist dies die Gleichung eines Punktes, der auf $\overleftrightarrow{P_1 P_2}$ liegt, und dessen Geraden von P_1 und P_2 gleichen Abstand haben, d. h. aber $N \left\{ N_1 - N_2 \right.$ ist der Unendlich ferne Punkt auf $\overleftrightarrow{P_1 P_2}$. Man kann das leicht nachprüfen, da in der Form $N \quad N_1 - N_2$ das konstante Glied 0 ist, d. h. aber der Punkt $N = \lambda u + \mu v = 0$ hat die Punktkoordinaten $\lambda : 0; \mu : 0$ id est ∞.

Seien $N_1 = 0$; $N_2 = 0$, $N_3 = 0$ die Gleichungen der 3 Ecken A, B, C eines Dreiecks, dann ist $N_2 + N_3 \left\{$ der Mitte A_1 von BC; ebenso $N_3 + N_1 \left\{ B_1 \right.$; $N_1 + N_2 \left\{ C_1 \right.$ während

$$N_2 - N_3 = 0; \quad N_3 - N_1 = 0; \quad N_1 - N_2 = 0$$

die unendlich fernen Punkte auf BC, CA, AB darstellen. Es ist nun:

$$(N_2 - N_3) + (N_3 - N_1) + (N_1 - N_2) = 0$$

d. h.: (nach 9). Die unendlich fernen Punkte liegen auf Einer Geraden, der unendlich fernen Geraden.

Ferner:
$$(N_2 - N_3) + (N_3 + N_1) - (N_1 + N_2) = 0$$
d. h.: die Verbindungslinie der Mittelpunkte zweier Seiten ist der dritten parallel.

Es ist $W = N_1 + N_2 + N_3 = 0$ die Gleichung eines Punktes P, (als lineare Gleichung in Linienkoordinaten); kurz $P \left\{ \; N_1 + N_2 + N_3 \right.$, da aber auch $W = N_1 + (N_2 + N_3)$, so liegt P auf der Geraden, welche $A \left\{ N_1 \right.$ mit $A_1 \left\{ (N_2 + N_3) \right.$ verbindet. Da aber W auch $N_2 + (N_1 + N_3)$ und $N_3 + (N_1 + N_2)$, so heisst dies: Die 3 Mittellinien eines Dreiecks schneiden sich in Einem Punkte.

Die Höhenfusspunkte haben die Gleichungen $N_2 \cot \beta + N_3 \cot \gamma$; $N_3 \cot \gamma + N_1 \cot \alpha$; $N_1 \cot \alpha + N_2 \cot \beta$, somit schneiden sich die drei Höhen in dem Punkte.
$$H = N_1 \cot \alpha + N_2 \cot \beta + N_3 \cot \gamma = 0.$$

§ 11. Harmonische Punkte.

Es seien A und C zwei Punkte, N_1 und N_2 ihre Normalformen, alsdann ist
$$W = N_1 - \lambda N_2 = 0$$
die Gleichung eines Punktes P auf der Verbindungslinie von A und C der innerhalb AC liegt, wenn λ negativ, und wo $\lambda = N_1 : N_2$ für alle seine Geraden konstant und somit gleich dem Teilungsverhältnis von $AP : PC$ ist, da zu den Geraden des Punktes P auch die in P auf AC Senkrechte gehört. Dasselbe gilt, wenn λ positiv, nur dass dann P ausser-

halb liegt. Ist Q ein Punkt ausserhalb, also $\left\{\begin{array}{l} N_1 - \mu N_2 \end{array}\right.$ wo μ positiv, und ist $\mu + \lambda = 0$, so sind nach dem Vorhergesagten, die Punkte A, C, P, Q harmonisch, also sind

$$N_1 = 0; \; N_2 = 0; \; N_1 - \lambda N_2 = 0; \; N_1 + \lambda N_2 = 0$$

Die Gleichungen eines harmonischen Punktsystems A C P Q oder [A C P Q], wo A und C das eine Paar konjugierter Punkte, P und Q das andere bilden, oder A und C durch P und Q harmonisch getrennt werden. Es ist üblich, die Punkte in der Reihenfolge zu nennen, dass der die Strecke der beiden ersten innerhalb teilende an dritter Stelle genannt wird.

Man könnte immer die Rechnungen und Betrachtungen des § 8 wörtlich wiederholen und würde mit Vertauschung der Worte: Punkt und Gerade zu den dualen oder reciproken Sätzen gelangen, wobei zu bemerken, dass Menelaos und Ceva schon dual sind, da wir beim Beweis schon den Dualismus zwischen harmonischem Strahl- und Punktsystem benützt haben; indessen sei noch einiges ausgeführt.

Zunächst ist, wenn $N_1 - \lambda N_2$ mit W_3, $N_1 + \lambda N_2$ mit W_4 bezeichnet werden

$$W_3 = (1-\lambda) N_3; \; W_4 = (1 + \lambda) N_4$$

wo N_3 und N_4 die Normalformen der Punkte P und Q [λ ist hier negativ] alsdann folgt

$$2 N_1 = (1-\lambda) \left[N_3 - \frac{\lambda + 1}{\lambda - 1} N_4 \right]$$

$$- 2 \lambda N_2 = [1-\lambda] \left[N_3 + \frac{\lambda + 1}{\lambda - 1} N_4 \right]$$

oder

$$W_1 = N_3 - \mu N_4; \; W_2 = N_3 + \mu N_4$$

d. h. also W_3 und W_4 werden durch W_1 und W_2 ebenfalls harmonisch getrennt und das Teilungsverhältnis der Strecke PQ ist abgesehen vom Zeichen $\dfrac{\lambda + 1}{\lambda - 1}$

___

Es werde noch der duale Satz zum Hauptsatz über die harmonischen Strahlen S. 37 direkt abgeleitet, er lautet: **Wird ein Punkt mit einem harmonischen Punktsystem verbunden, so entsteht ein harmonisches Strahlensystem.**

Sei $[ACPQ]$ das harmonische System, und S der Punkt. Es werde die Distance eines Punktes z. B. auf SA von einer Geraden z. B. SP mit ${}^a d_p$ bezeichnet. Dann ist ${}^a d_p : {}^a d_q$ längst des Strahles SA konstant (cf. § 8) und sei gleich c, ebenso ${}^c d_p : {}^c d_q$ längst SC konstant und gleich c^1

$$\frac{c}{c^1} = \frac{{}^a d_p}{{}^{c'} d_p} \cdot \frac{{}^c d_q}{{}^a d_q} = -1$$

Also $c + c^1 = 0$, womit der Satz bewiesen.

§ 12. Zusammenstellung der wichtigsten Formeln über die Gerade.

1) Gleichung der Geraden g, welche durch den Punkt $P \left\{ (x_1 \mid y_1) \right.$ geht und mit $+X$ den Winkel α bildet (S. 25.)

1) $y - y_1 = r(x - x_1)$, wo r „der Richtungsfaktor" $= \sin \alpha / \sin (w - \alpha)$.

1ª) Ist P $\big\{$ (0 b), so ist die Gleichung

1ª) $y - (\tau x + b) = 0$.

2) Bedingung dafür, dass 4 Gerade durch P mit den Richtungsfaktoren τ_0 und τ_1 einerseits und ϑ_0 und ϑ_1 andrerseits einander harmonisch trennen (abgeleitet aus Formel 4).

2) $(\tau_0 + \tau_1)(\vartheta_0 + \vartheta_1) = 2(\tau_0\tau_1 + \vartheta_0\vartheta_1)$

3) Winkel zweier Geraden bei w = 90° und positiver Drehung der ersten zur zweiten

3) $\operatorname{tg}\varphi = \dfrac{\tau_1 - \tau_0}{1 + \tau_0\tau_1}$, die Geraden parallel, wenn $\tau_1 = \tau_0$, senkrecht, wenn $1 + \tau_0\tau_1 = 0$ ist.

4) Gleichung, wenn g durch 2 Punkte P $\big\{$ $(x_1 \ y_1)$ und Q $\big\{$ $(x_2 \ y_2)$ bestimmt ist.

4) $y - y_1 = \dfrac{y_1 - y_2}{x_1 - x_2}(x - x_1)$; $\tau = \dfrac{y_1 - y_2}{x_1 - x_2} = \dfrac{y_2 - y_1}{x_2 - x_1}$.

5) Gleichung der Geraden in Hesse's Form (S. 33.)

5) $H = x\cos\alpha + y\cos\beta - p = 0$, wo, wenn w = 90°, $\cos^2\alpha + \cos^2\beta = 1$.

6) Abstand d des Punktes P $\big\{$ $(\xi \ \eta)$ von H.

6) $\xi\cos\alpha + \eta\cos\beta - \delta = d$.

7) Gleichung der Geraden A in Axenform (S. 24.)

7) $A = \dfrac{x}{a} + \dfrac{y}{b} - 1 = 0$, wo a und b die Abschnitte sind, welche A auf den Axen abschneidet; wird a^{-1} mit u und b^{-1} mit v bezeichnet, so hat man

7ª) $A = ux + vy - 1 = 0$, also $\tau = -\dfrac{u}{v}$, und, (wenn w = 90°) $\delta^2(u^2 + v^2) = 1$.

Ist $u = 0$, v endlich und bestimmt, so ist A $\parallel$ der
x-Axe, ist u beliebig, $v = \infty$, so ist A die x-Axe selbst.

Ist $v = 0$, u endlich und bestimmt, so ist A $\parallel$ der
y-Axe, ist v beliebig, $u = \infty$, so ist A die y-Axe selbst.

Ist $u = 0$, $v = 0$, so ist A die unendlich ferne
Gerade.

Ist $u = \infty$, $v = \infty$, so geht A durch den Nullpunkt
und wird durch den Quotienten $u : v$ bestimmt.

8) Ist $A_0 \{ (u_0 , v_0)$ und $A_1 \{ (u_1 \mid v_1)$ und ihr Schnittpunkt $S \{ (\xi \ \eta)$, so ist

8) $\xi = (v_1 - v_0) : \lambda$; $\eta = (u_0 - u_1) : \lambda$, wo $\lambda = u_0 v_1$
$- v_0 u_1$.

9) Ist $w = 90$ und φ der Winkel zwischen A_0 und
A_1, so ist

9) $\operatorname{tg} \varphi = \dfrac{u_0 v_1 - v_0 u_1}{u_0 u_1 + v_0 v_1}$, also $\sin^2\varphi = \lambda^2 \delta_0^2 \delta_1^2$.

10) Gleichung der Geraden g in allgemeiner Form.

10) $ax + by - c = 0$, also $a : c = u$; $b : c = v$;
$\imath = -a : b$.

IV. Abschnitt.

Parallel-Koordinaten-Transformation.

§ 13.

Es ist häufig von Vorteil, das Axensystem zu
wechseln. Seien 2 Axensysteme gegeben mit den An-
fangspunkten O und O^1, den Winkeln w und w^1
Fig. 9. Sei ein und derselbe Punkt P in Bezug auf
das Erste $\{ (x \cdot y)$, in Bezug auf das Zweite $\{ (x^1 \cdot y^1)$,

so folgt aus der Aequivalenz des Punktes und seiner Koordinaten, dass (x y) $\mid$ (x¹, y¹), d. h. x und y müssen durch x¹ und y¹ unzweideutig bestimmt sein, und umgekehrt x¹ und y¹ durch x und y. Da ferner **x** und y bezw. x¹ oder y¹ nur unendlich werden können, für unendliches x¹ oder y¹ bezw. x oder y, so haben wir

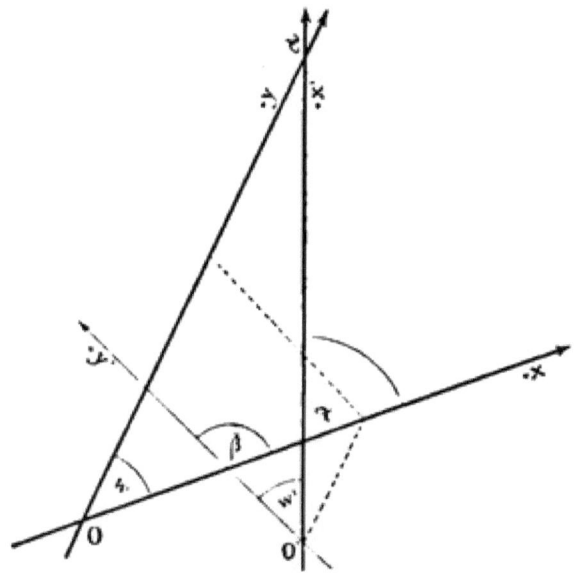

Fig. 9.

$$x = \gamma x^1 + \delta y^1 + \varepsilon; \quad y = \gamma_1 x^1 + \delta_1 y^1 + \varepsilon_1,$$

wo die γ, δ, ε, etc. zu bestimmende Konstanten sind. Die Bedeutung von ε und ε_1 wird sofort klar, sobald man x¹ und y¹ gleich 0 setzt. Es ist, da O¹ $\mid$ (0·0) ist in Bezug auf das gestrichene System: $x_0 = \varepsilon$; $y_0 = \varepsilon_1$, d. h. ε und ε_1 sind die Abscisse und Ordinate des neuen Anfangspunktes im alten System.

Zur Bestimmung von γ und δ bezw. γ_1 und δ_1 dient die Bemerkung, dass $x = 0$ bezw. $y = 0$ die Gleichungen der y bezw. x-Axe sind. Ist der Winkel, den $+ x^1$ mit $+ y$ bildet (Fig. 9) α, so ist nach § 5 7^a) (Form L der Gleichung der Geraden)

$$y^1 = \frac{-\gamma}{\delta} x^1 - \frac{\varepsilon}{\delta} = \frac{\sin \alpha}{\sin (w^1 - \alpha)} x^1 + b_0,$$

also $\gamma = \lambda \sin \alpha$; $\delta = -\lambda \sin (w^1 - \alpha)$.

Um λ zu bestimmen, dient der Sinussatz demzufolge $\frac{\varepsilon}{b_0} = -\frac{\sin (w^1 - \alpha)}{\sin w}$ und da $\varepsilon = -b_0 \delta$, so ist:

$$\lambda = \frac{-1}{\sin w}, \text{ demnach } \gamma = -\frac{\sin \alpha}{\sin w}, \delta = \frac{\sin (w^1 - \alpha)}{\sin w}.$$

Führen wir den Winkel $\bar{\alpha}$ als Winkel zwischen $+ x$ und $+ x^1$ und β als Winkel zwischen $+ x$ und $+ y^1$ ein, so erhalten wir:

1*) $x \sin w = x^1 \sin (w - \bar{\alpha}) + y^1 \sin (w - \bar{\beta}) + \varepsilon \sin w$.

Ganz ebenso ergiebt sich:

1) $y \sin w = x^1 \sin \alpha + y^1 \sin \beta + \varepsilon_1 \sin w$.

Zu bemerken ist, dass $\bar{\beta} - \bar{\alpha} = w^1$ ist.

Sind die neuen Koordinaten den alten parallel und gleichgerichtet, so ist $\alpha = 0$, $\bar{\beta} = w$ und man erhält

$$x = x^1 + \varepsilon; \ y = y^1 + \varepsilon_1.$$

Eine Parallverschiebung des Axenkreuzes ändert also Abscisse bezw. Ordinate nur um die konstante Abscisse bezw. Ordinate des neuen Anfangspunktes in Bezug auf das alte System, was man auch unmittelbar sehen kann.

Sind w und w^1 beide $= 90°$, wie sehr häufig, so ist $\bar{\beta} = 90 + \bar{\alpha}$, und man erhält

1^a) $x = x^1 \cos \bar{\alpha} - y^1 \sin \alpha + \varepsilon$
$\quad\ y = x^1 \sin \bar{\alpha} + y^1 \cos \bar{\alpha} + \varepsilon_1$.

Findet eine blosse Drehung eines rechtwinkligen Axenkreuzes um den Nullpunkt statt, so sind ε und ε_1 beide 0 und man hat die am meisten gebrauchten Formeln

2) $\quad x = x^1 \cos \alpha - y^1 \sin \alpha$
$\qquad y = x^1 \sin \alpha + y^1 \cos \alpha$.

Mit Rücksicht auf die grosse Bedeutung der Koordinatentransformation empfiehlt sich eine zweite Herleitung.

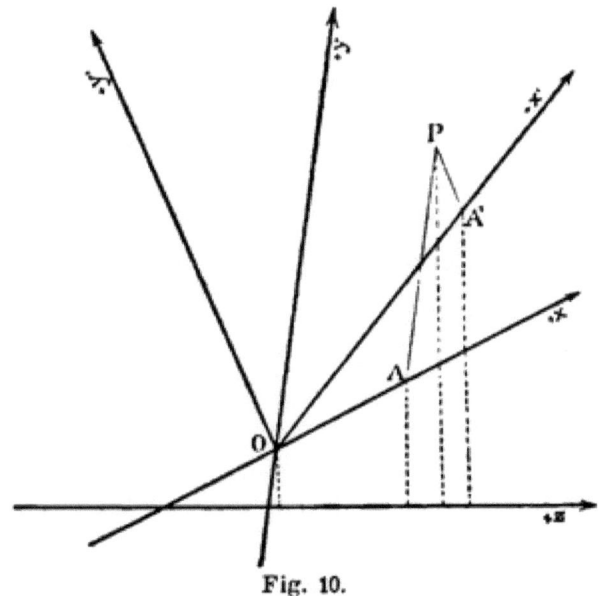

Fig. 10.

Sei jetzt ein Axensystem O, X, Y, w gegeben, $+$ X werde (Fig. 10) in die Lage $+ X^1$, $+ Y$ in $+ Y^1$ gedreht (stets im positiven Sinn). Dann ist, wenn P $\Big\{$ (x|y) $\Big\{$ (x^1|y^1) ist: $x = OA$; $y = AP$, $x^1 = OA^1$;
$\qquad\qquad\qquad\qquad y^1 = A^1 P$.

Projiciert man nun den Linienzug OAPA'O auf eine ganz beliebige Projectionsaxe $+ Z$ und bezeichnet den Winkel zwischen $+ Z$ und $+ X$ wie üblich mit (zx), so ist:

$$x \cos (zx) + y \cos (zy) - y' \cos (zy') - x' \cos (zx') = 0$$

so dass

$$x \cos (zx) + y \cos (zy) - x' \cos (zx') + y \cos (zy')$$

Diese Gleichung umschliesst einen wichtigen Satz.

Die Summe der Projectionen der Koordinaten eines Punktes auf eine beliebige Axe ist von der Richtung der Koordinaten unabhängig.

Die völlige Freiheit in der Wahl der Axe Z kann man nun benutzen, um x und y durch x' und y', aber auch diese durch jene auszudrücken, je nachdem man $\cos(zy)$, $\cos(zx)$, $\cos(zy')$, $\cos(zx')$, verschwinden lässt, dadurch, dass man die betreffenden Winkel $= 90^\circ$ wählt. Unter Berücksichtigung, dass ganz allgemein, wenn a, b, c drei Geraden, $(ab) + (bc) = (ac)$ ist, ergiebt sich sofort:

4) $x \sin w = x' \sin (w - \alpha) + y' \sin (w - \beta)$

$\quad y \sin w = x' \sin \overline{\alpha} + y' \sin \beta$

$\quad x' \sin w' = x \sin \beta - y \sin (w - \beta)$

$\quad y' \sin w' = - x \sin \alpha + y \sin (w - \alpha)$

Sind w und w' beide $= 90^\circ$, so gehen die beiden letzten Gleichungen über in

$$x' = x \cos \alpha + y \sin \alpha; \quad y' = - x \sin \alpha + y \cos \alpha$$

V. Abschnitt.

Der Kreis.

§ 14. Die Kurve.

Der Kreis wird definiert als Ort der Punkte, die von einem gegebenen Punkte, dem Centrum $\left(M\left\{\begin{array}{ll}(a & b)\end{array}\right.\right)$ eine gegebene Entfernung z. B. r haben. Dann ist nach § 3

$$K = (x-a)^2 + (y-b)^2 + 2(x-a)(y-b)\cos w - r^2 = 0$$

die Gleichung des Kreises.

Sind x, y die Koordinaten eines beliebigen Punktes P, so ist $K = MP^2 - r^2$ d. h. die Form K stellt für jeden beliebigen Punkt P dar die Differenz des Quadrates seiner Entfernung vom Mittelpunkt und des Quadrates des Radius d. h. K_p ist die Potenz des Punktes P in Bezug auf den Kreis K.*)

Ist w = 90, so geht K = 0 über in:

1) $(x-a)^2 + (y-b)^2 - r^2 = 0$

die sogen. Normalform K_n, ist auch noch $M\left\{\begin{array}{l}(00)\end{array}\right.$ d. h. fällt M mit O zusammen, so ist:

2) $K = x^2 + y^2 - r^2 = 0$

die Mittelpunktsgleichung. (Form M)

---

*) Potenz nach Steiner: es gilt der Satz: Das Rechteck aus den Abschnitten aller sich im selben Punkt schneidenden Sehnen des Kreises K ist konstant und gleich $\pm (MP^2 - r^2)$, je nachdem MP > oder < r ist. Beweis: Die halbe Sehne sei σ, das Stück zwischen ihrer Mitte und P = z, so ist das Rechteck gleich $\pm (z + \sigma)(z - \sigma) = \pm (z^2 - \sigma^2) = \pm < MP^2 - r^2)$.

Die Gleichung des Kreises ist vom 2. Grade (quadratische Form), aber nicht jede Gleichung 2. Grades ist die eines Kreises. Sei $f(x, y) = 0$ eine solche, so muss sie $\big\{$ der Form K sein, d. h. sie kann sich nur durch einen konstanten Faktor von K unterscheiden, der durch Division beseitigt werden kann. Demnach muss $f(x, y)$ die Form annehmen:

$$Q = x^2 + y^2 + 2sxy - 2px - 2qy + n = 0$$

Diese Vergleichung ergiebt 1) s muss < 1 sein, denn es muss $s = \cos w$ sein, 2) es muss: $a + b \cos w = p$, $b + a \cos w = q$ sein, und hieraus:

$$3) \quad b = \frac{q - ps}{1 - s^2}; \quad a = \frac{p - qs}{1 - s^2};$$

$$r^2 = \frac{q^2 + p^2 - 2pq \cos w}{\sin^2 w} - n$$

Ist Punkt $A \big\{$ $(p / \sin w)$, $- (q / \sin w)$ so ist $r^2 = OA^2 - n$. Damit also eine beliebige quadratische Form Q die Form eines Kreises sei, ist nötig, dass 1) die Koefficienten von x^2 und y^2 beide gleich; 2) nach Division mit diesen Koefficienten der Koefficient von $2xy$ kleiner als 1*) ist, 3) der Punkt A ausserhalb des Kreises bezw. $OA^2 > n$ sei. Ist $w = 90^\circ$, so muss der Koefficient s von xy gleich 0 sein, und $q^2 + p^2 > n$.

Um die Gleichung des Kreises aus der Form Q in die Form K zu transformieren, ist eine Koordinatentransformation erforderlich, wobei in der Formel 1 des § 13 für e und ε_1 die Werte a und b aus 3) ein-

---

*) grösser als 0 ist.

zusetzen $\overline{\alpha} = 0$ und $\beta = 90$, da ja K giltig bleibt für jede beliebige Richtung der X-Axe.

§ 15. Kreis und Gerade.

Sei 1) $ux + vy - 1 = 0$ eine Gerade A

2) $x^2 + y^2 - r^2 = 0$ ein Kreis K

Die Kombination der Gleichungen 1 und 2 liefert, wenn u und v als gegeben betrachtet werden, die Koordinaten der Schnittpunkte. Da 1 linear und 2 quadratisch, so erhellt, dass ein Kreis und eine Gerade nie mehr als 2 Punkte gemeinsam haben können, und daher gehört der Kreis zu den Kurven 2. Ordnung oder 2. Grades. Da 1 und 2 symmetrisch in Bezug auf u und v einerseits und x und y anderseits, so erhellt, dass man aus den Werten des x die des y durch Vertauschung von u und v erhält und vice versa.

Eliminiert man z. B. y, so resultiert:

3) $cx^2 + dx + e = 0$

wo $c = u^2 + v^2$; $d = -2u$, $e = 1 - r^2 v^2$ ist.

Seien x_1 und x_2 die Wurzeln der dritten Gleichung $(x_1 y_1)$ und $(x_2 y_2)$ also Kreispunkte, so ist (Arithmetik v. Schubert etc. S. 111) $x_1 + x_2 = -\dfrac{d}{c} = \dfrac{2u}{c}$ und ähnlich

$$y_1 + y_2 = \frac{2v}{c}$$

Also $\dfrac{u}{v} = \dfrac{x_1 + x_2}{y_1 + y_2}$; aber nach § 12, 7^a ist $-\dfrac{u}{v}$ der Richtungsfaktor der Geraden, welche durch die Punkte $(x_1 y_1)$ und $(x_2 | y_2)$ geht, somit ist

4*) **die Gleichung der Sehne eines Kreises**

(in der Form M) $y - y_1 = -\dfrac{x_1 + x_2}{y_1 + y_2}(x - x_1)$

der man auch die Form geben kann

4ª* $(x x_1 + y y_1 - r^2) + (x x_2 + y y_2 - r^2) = x_1 x_2 + y_1 y_2 - r^2$

ausser wenn v 0 ist. Fallen x_1 und x_2 und damit auch y_1 und y_2 (in Folge von 1) zusammen, so wird die Sehne zur Tangente, ihr Richtungsfaktor wird $-x_1 | y_1$ und ihre Gleichung ist:

5) $x x_1 + y y_1 - r^2 = 0$

Man sieht sofort (nach § 12 No. 3) dass die Tangente auf dem Radius durch den Berührungspunkt $\left(\text{Richtungsfaktor}: \dfrac{y}{x}\right)$ senkrecht steht.

Aus den Sätzen der Arithmetik S. 113, erhalten wir ohne Mühe als Bedingung dafür, dass $x_1 y_1$ und $x_2 y_2$ reell sind: $r^2 (u^2 + v^2) - 1 > 0$, dass $x_1 y_1$ und $x_2 y_2$ zusammenfallen: $(u^2 + v^2) r^2 - 1 = 0$, dass sie (komplex konjugiert) imaginär sind: $(u^2 + v^2) r^2 - 1 < 0$. Es ist aber entweder nach § 12 oder direkt klar, dass $u^2 + v^2 = -\dfrac{1}{\delta^2}$ wo δ den Abstand der Geraden $A\{ (u | v)$ vom O-Punkt also vom Centrum bedeutet, und wir erhalten somit die aus den Elementen bekannten Bedingungen für die Beziehung zwischen Kreis und Gerade wieder.

Die Gleichungen 1) und 2) lassen sich auch etwas anders auffassen. Wenn $x_1 y_1$ irgend ein Punkt B $(x_1 | y_1)$ auf dem Kreis ist und u und v beliebig, so ist 1) nach § 10 die Gleichung des Punktes.

Damit u und v dann die Koordinaten der Tangente durch B sind, muss $u : v = x_1 : y_1$ sein, also haben wir

$$u x_1 + v y_1 - 1 = 0$$
$$u y_1 - v x_1 = 0$$

woraus sich u und v ergeben als $u = x_1 : r^2$, $v = y_1 : r^2$ woraus sich ohne weiteres 5*) als Gleichung der Tangente durch den beliebigen Punkt $B(x_1\ y_1)$ ergiebt und ferner $(u^2 + v^2) r^2 - 1 = 0$ als Bedingung dafür, dass die Geraden A $\{$ (u v) eine Tangente an den Kreis M sei.

Die Gleichung

6) $(u^2 + v^2) r^2 - 1 = 0$

ist also die Gleichung des Kreises (bei Form M) in Linienkoordinaten.

Geht man von der Form M zur Form K_n über, so sind nur die Punktkoordinaten x, y etc. durch die Differenzen $(x-a)$; $(y-b)$ etc. zu ersetzen, somit geht 5) über in:

$$(x-a)(x_1-a) + (y-b)(y_1-b) - r^2 = 0.$$

Da $u^2 + v^2 = \delta^{-2}$, so ist nach S. 53 für δ^2 (da δ den Abstand des Punktes M und der Geraden (u v) bedeutet) zu setzen $(au + bv - 1)^2$, somit

6^a $(u^2 + v^2) r^2 - (au + bv - 1)^2 = 0$ die Gleichung des Kreises (bei Form K_n) in Linienkoordinaten. Ist P $\{$ $(x_1 y_1)$ ein beliebiger Punkt von dem aus an den Kreis M Tangenten gelegt werden sollen, und sind u und v ihre Koordinaten, so hat man zur Bestimmung von u und v:

a^1) $u x_1 + v y_1 - 1 = 0$ (die Tangenten gehören zu den Geraden des Punktes $(x_1 y_1)$

b^1) $u^2 + v^2 - r^{-2} = 0$ (nach 6)

Da die Systeme sich von dem sub 1 und 2 dieses Paragraphen nur dadurch unterscheidet, dass x und y als Variabele durch u und v ersetzt sind und r^2 durch

$1|r^2$, so erhält man ohne weiteres die analogen Resultate, also:

1) **Durch keinen Punkt P gehen mehr als 2 Tangenten eines Kreises d. h. der Kreis ist eine Kurve 2. Klasse.**

2) **Es giebt von P aus 2 Tangenten, Eine, keine, je nachdem** $\gamma^2 = x_1^2 + y_1^2 > r^2; = r^2 < r^2;$ **ist, d. h. also je nachdem P ausserhalb des Kreises auf ihm, oder innerhalb liegt.**

Zur Bestimmung von u_1, u_2; v_1, v_2 hat man, wenn $p^2 = d^2 - r^2$ die Potenz von p bezeichnet:

$$u_{1,2} = \frac{rx + yp}{rd^2}; \quad v_{1,2} = \frac{ry \mp xp}{rd^2}$$

Sind $\xi_1 \eta_1$ und $\xi_2 \eta_2$ die Berührungspunkte, so ist

$$\xi_1 = \eta_1 r^2; \quad \eta_1 = v_1 r^2; \quad \xi_2 = u_2 r^2; \quad \eta_2 = v_2 r^2$$

Als Gleichung der Tangenten von $P\ (x_1/y_1)$ an den Kreis erhalten wir

7) $r(xx_1 + yy_1 - d^2) + p(xy_1 - yx_1) = 0$

welche leicht auf die Form K_n eingerichtet wird.

Die Gleichung der Berührungssehne wird, da $\xi_1 + \xi_2 = r^2(u_1 + u_2)$ und $\xi_1\xi_2 = r^2 u_1 u_2$ etc.

8) $xx_1 + yy_1 - r^2 = 0$,

sie stimmt also der Form nach völlig mit der der Tangente in einem Punkte $(x_1 \cdot y_1)$ des Kreises überein, nur dass hier $(x_1 \cdot y_1)$ der beliebige Schnittpunkt der Tangenten ist. Geht man von der Form K_n aus, so geht 8) über in

$$(x-a)(x_1-a) + (y-b)(y_1-b) - r^2 = 0.$$

Wie aus dieser Uebereinstimmung die harmonischen Eigenschaften des Kreises sich sofort ergeben, findet sich in den Paragraphen 45 etc.

§ 16. Kreis und Kreis; Kreisschaar.

Seien $K_1 = 0$ und $K_2 = 0$ die Gleichungen 2. Kreise, ihre Kombination liefert die Koordinaten der Schnittpunkte; da beide K vom 2. Grade, so würde es 4 gemeinsame Lösungssysteme geben können; indessen ist das System $K_1 = 0$, $K_2 = 0$ identisch mit dem System $K_1 = 0$, $K_1 - K_2 = 0$, wie sofort klar; und die zweite Gleichung ist, da die quadratischen Glieder sich aufheben, linear, somit existieren nur 2 gemeinsame Lösungen. Diese können zusammenfallen und auch imaginär werden. Wenn x und y sehr gross werden, reduziert sich für jeden Kreis K die Form K auf die quadratischen Glieder.

$x^2 + y^2 + 2 x y \cos w$, der Radius und der Mittelpunkt fallen ganz heraus, somit kann man sagen, dass allen Kreisen die Lösungen von $x^2 + y^2 + 2 x y \cos w = 0$ bei Annahme von x (und y) als unendlich gross identisch sind. Man sagt daher oft: **Alle Kreise haben dieselben beiden (imaginären) Punkte im Unendlichen gemeinsam.** Sieht man von diesen ab, so bleiben nur 2 Schnittpunkte übrig, welche reell und getrennt, reell und zusammenfallend, getrennt und imaginär sind; je nachdem die Centrale zwischen Summe und Differenz der Radien, gleich Summe oder Differenz der Radien, grösser als die Summe oder kleiner als die Differenz der Radien ist.

Die Linie $S = K_1 - K_2 = 0$ geht in allen 3 Fällen durch die Schnittpunkte, und ist stets **reell** auch im 3. Falle, also ist die Schnittgerade reell, auch wenn die Schnittpunkte als sichtbare Punkte nicht existieren.

Da längs $S : K_1 = K_2$ ist, so heisst dies, jeder Punkt von S hat für beide Kreise die gleiche Potenz und umgekehrt, hat ein Punkt für beide gleiche Potenz, so ist für seine Koordinaten $K_1 = K_2$, also $K_1 - K_2 = 0$, d. h. der Punkt liegt auf S, die Schnittlinie ist also zugleich Potenzlinie beider Kreise. Ist P ein Punkt auf S, d_1 seine Entfernung von M_1 und d_2 von M_2, so ist, da $K_1 = d_1{}^2 - r_1{}^2$ und $K_2 = d_2{}^2 - r_2{}^2$ ist, $d_1{}^2 - r_1{}^2 = d_2{}^2 - r_2{}^2$. Da der Gegenpunkt P_1 von P in Bezug auf die Centrale oder Axe auch von M_1 und M_2 die Entfernungen d_1 und d_2 hat, so liegt auch P_1 auf S, **und S steht auf der Axe senkrecht und teilt sie so, dass die Differenz der Quadrate der Abschnitte gleich der Differenz der Quadrate der Radien ist.**

Seien $K_1 = 0$, $K_2 = 0$, $K_3 = 0$ die Gleichungen 3. Kreise, $S_1 = K_2 - K_3$; $S_2 = K_3 - K_1$; $S_3 = K_1 - K_2$, so ist $S_1 + S_2 + S_3 = 0$.

Also: Die 3 Potenz- oder Schnittlinien dreier Kreise schneiden sich stets in Einem Punkt.

Dieser Satz giebt ein einfaches Mittel, die Potenzlinie zweier sich nicht (in reellen Punkten) schneidender Kreise zu konstruieren.

———————

Haben $K_1 = 0$ und $K_2 = 0$ die vorige Bedeutung, so stellt $K_1 + \lambda K_2$, wo λ eine beliebige Konstante einen dritten Kreis K_3 dar, wo $K_3 = \dfrac{K_1 + \lambda K_2}{1 + \lambda}$ ist, und da das Verschwinden zweier K auch von selbst

dem dritten K den Wert 0 giebt, so schneiden sich
die 3 Kreise in denselben reellen (oder imaginären)
Punkten, sie haben daher auch stets dieselbe Potenzlinie, wie schon daraus folgt, dass für einen Punkt auf

$$S : K_1 = K_2 \text{ und somit } K_3 = -\frac{K_1 + K_2 \lambda}{1 + \lambda} = K_2 \text{ ist. Jeder}$$

Punkt auf S hat also dieselbe Potenz in Bezug auf
alle 3 Kreise, und allgemein in Bezug auf die ganze
Kreisschaar, welche durch die Schnittpunkte von K_1
und K_2 hindurchgeht, die Potenzlinie S gehört selbst
zur Schaar, sie ist anzusehen als Kreis mit unendlich
grossem Radius, entspricht dem Wert λ gleich —1.
Der Punkt N, in welchem S die Axe schneidet, hat
für alle Kreise der Schaar die gleiche und die kleinste
Potenz. Auch wenn die Kreise K_1 und K_2 sich

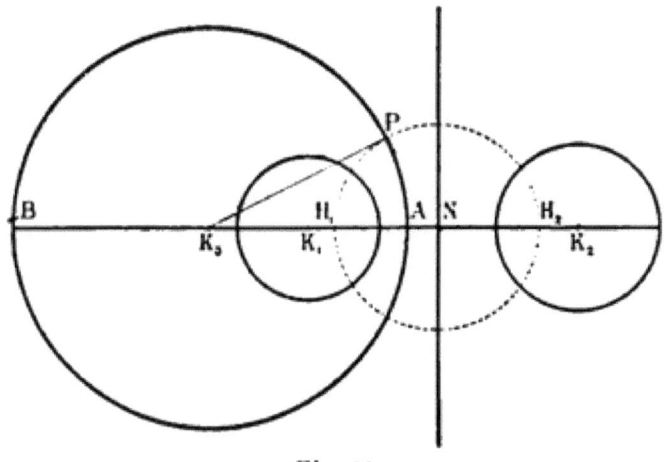

Fig. 11.

nicht in reellen (sichtbaren) Punkten schneiden, lässt sich also durch ihre imaginären
Schnittpunkte ein Kreis legen.

Man schlägt um N mit der Seite der Potenz (Fig. 11), die die Tangente von N an K_1 oder K_2, einen Kreis, zieht darin einen beliebigen Radius N P; die Senkrechte in P auf N P trifft die Centrale in K_3, der Kreis um K_3 mit K_3 P gehört dann zur Schaar von K_1 und K_2.

Der Kreis trifft die Axe K_1 K_2 in den Punkten A und B, dann ist nach dem Potenzsatz:

$$N P^2 = N H_1{}^2 = N A . N B,$$ d. h. $[A B H_1 H_2]$ sind harmonische Punkte.

Da P beliebig auf dem Kreise N, so kann man zu H_1 und H_2 — den Hauptpunkten — unzählige Punktepaare wie A und B konstruieren, welche H_1 und H_2 harmonisch trennen. Umgekehrt, wenn zwei Punktepaare A_1 B_1 und A_2 B_2 auf einer Geraden gegeben sind, und zwar so, dass die Strecken A_1 B_1 und A_2 B_2 entweder ganz ineinander oder ganz auseinander liegen, kann man ein drittes Punktepaar H_1 H_2 konstruieren, das zu beiden gegebenen Paaren harmonisch ist; da durch irgend zwei Kreise der Schaar die Potenzlinie und damit N bestimmt ist.

Man sieht, dass die Hauptpunkte selbst zu den Kreisen der Schaar gehören, es sind die mit den Radien 0, während die Potenzlinie (und die Unendlichferne) den Radius ∞ haben; das ganze System der Punkte A B bildet eine Involution, $N H_1{}^2$ heisst die Potenz der Involution (Kreisverwandtschaft).

VI. Abschnitt.

Die Kegelschnitte.

§ 17. Die Kegelschnitte als Kurven 2. Grades und 2. Klasse.

Es werde der Ort der Punkte bestimmt, welche von einem gegebenen Punkt F, Focus oder Brennpunkt genannt, und einer festen Geraden L, der Leitlinie (Directrix), Abstände haben, deren Verhältnis, ohne Rücksicht auf das Zeichen, konstant und gleich der Zahl e ist. Die Zahl e heisst numerische Excentricität.

Sei $F \left\{ (a\ b) \right.$ und $L \left\{ (u_0 | v_0) \right.$ in Bezug auf rechtwinklige Axen. Dann ist (Fig. 12) $+\ e\, P\, A = P\, F$ oder $P\, F^2 = e^2\, P\, A^2$.

Werden $P\, F^2$ und $P\, A^2$ durch ihre Formeln aus § 3 und § 12 ausgedrückt, so ergiebt sich sofort

$$1) \quad (x-a)^2 + (y-b)^2 = \frac{e^2}{u_0{}^2 + v_0{}^2} (u_0\, x + v_0\, y - 1)^2.$$

Die Gleichung 1) ist 2. Grades, sie umschliesst 3 der Art nach verschiedene Kurven, je nachdem $e < 1$ oder $= 1$, oder > 1 ist; die betreffenden Kurven heissen Ellipse, Parabel, Hyperbel; gemeinsam: Kegelschnitte. Als spezielle Fälle umschliessen sie den Kreis, wenn $e = 0$, und u_0, sowie v_0 auch gleich 0, d. h. die Leitlinie die unendlich ferne Gerade ist, und ausserdem $e^2 : (u_0{}^2 + v_0{}^2) = r^2$ gesetzt wird; ferner zwei verschiedene Gerade, oder auch Eine (doppelte) Gerade, da eine Form 2. Grades ja auch das Produkt zweier,

verschiedener oder gleicher, linearer Faktoren sein kann.
Die Parabel ist ein Grenzfall der Ellipsen wie der
Hyperbeln, sie ist Ellipse mit der grössten, Hyperbel
mit der kleinsten Excentricität. Dass wir es hier mit
3 wohl definierten Arten zu thun haben, geht aus dem
Verhalten der Kurven im Unendlichen hervor. Wir
erhalten die unendlich fernen Elemente oder Punkte
der Kurven, wenn wir nur die Glieder 2. Dimension
in 1) beibehalten, da sowohl die Konstanten als auch
die ersten Potenzen von x bez. y, gegen x^2, xy, y^2
verschwinden, sobald x und y über jedes Mass gross
sind. Wir erhalten dann, wenn zur Abkürzung
$(u_0{}^2 + v_0{}^2) : e^2$ fortab mit γ bezeichnet wird:

1^a) $x^2 (\gamma - u_0{}^2) + y^2 (\gamma - v_0{}^2) - 2 u_0 v_0 x y = 0$.

Zieht man x^2 vor die Klammer und benennt $y : x$
mit z, so giebt 1^a) eine quadratische Gleichung
für z, welche (Schubert, Arithmetik S. 113) zwei
reelle Lösungen, eine, keine, hat, je nachdem $u_0{}^2 v_0{}^2$
$> = < (\gamma - u_0{}^2)(\gamma - v_0{}^2)$ ist, d. h. also je nachdem e > 1,
= 1, < 1 ist. Die Hyperbel hat also 2 Punkte
im Unendlichen, bei der Parabel fallen die
beiden unendlich fernen Punkte zusammen,
die Ellipsen (also auch der Kreis) haben keinen
(sichtbaren oder reellen) Punkt in grenzenloser Ferne,
es sind geschlossene Kurven.

Die Gleichung 1) enthält 5 Konstanten: e, u_0. v_0,
a, b, die allgemeine Gleichung 2. Grades:

1^a) $a_{00} x^2 + 2a_{01} x y + a_{11} y^2 + 2a_{02} x + 2a_{12} y + a_{22} = 0$
enthält deren 6; da aber nicht alle 3 ersten Koeffizienten
zugleich verschwinden dürfen, ist es gestattet, (§ 4
Multiplication mit einem konstanten Faktor)

1^{b}) $a_{01}{}^2 = (1-a_{00})(1-a_{11})$ zu setzen, dann lassen sich die 5 Konstanten der Form 1 durch die 6 Grössen der Form 1^{a} ausdrücken. Wir haben, wenn $e^2 : (u_0{}^2 + v_0{}^2)$ gleich p gesetzt wird:

$$a_{00} = 1 - p\,u_0{}^2; \quad a_{11} = 1 - p\,v_0{}^2; \quad a_{01} = -p\,u_0\,v_0$$
$$a_{02} = -a + p\,u_0; \quad a_{12} = -b + p\,v_0; \quad a_{22} = a^2 + b^2 - p$$

Es ergiebt sich sofort:

a) $e^2 = 1 - a_{00} + 1 - a_{11}$

b) $\dfrac{u_0}{v_0} = -\dfrac{a_{01}}{1-a_{11}} = -\dfrac{1-a_{00}}{a_{01}}$

Setzt man $u_0 = \lambda\,a_{01}$; $v_0 = -\lambda(1-a_{11})$, so ist:

c) $p = \dfrac{1}{\lambda^2(1-a_{11})}$; $u_0{}^2 + v_0{}^2 = e^2\lambda^2(1-a_{11})$

d) $a + a_{02} = p\,u_0$; $b + a_{12} = p\,v_0$

e) $\lambda^2(1-a_{11})(a_{22}-a_{02}{}^2-a_{12}{}^2) + 2\lambda(a_{01}a_{02} + a_{11}a_{12} - a_{12}) - (e^2-1) = 0$

Die Gleichung e) ist quadratisch, sie liefert im allgemeinen zwei verschiedene Werte für λ; λ_1 und λ_2; und damit zwei Wertsysteme u_0, v_0 und zwei desgl. a, b d. h. die Kurve 1 hat i. A. zwei Leitlinien und zwei Brennpunkte.

Da $\dfrac{u_0^{1}}{v_0^{1}} = -\dfrac{u_0^{11}}{v_0^{11}}$ so haben beide Leitlinien denselben Richtungsfaktor, d. h. die beiden Leitlinien sind parallel.

Da $\dfrac{a^{1} + a_{02}}{b^{1} + a_{12}} = -\dfrac{u_0}{v_0} = \dfrac{a^{11} + a_{02}}{b^{11} + a_{12}} = \dfrac{a^{1} - a^{11}}{b^{1} - b^{11}}$ so steht die Verbindungslinie der beiden Brennpunkte auf den Leitlinien senkrecht.

Die Gleichung e) giebt noch zu einigen Bemerkungen Veranlassung: 1) ist $e = 1$, so ist ein Wert des

$\lambda = 0$, u_0 und v_0 sind 0, die eine Leitlinie ist die Unendlich ferne Gerade, die Parabel hat also nur
eine Leitlinie im Endlichen, sowie einen
Brennpunkt im Endlichen.

2) Ist $a_{22} - a_{02}{}^2 - a_{12}{}^2 = 0$, so ist eine Lösung $\lambda = \infty$,
(Vgl. § 21.) Die eine Leitlinie geht durch den Null-
punkt.

Ist $1 - a_{11} = 0$, so ist auch a_{01} nach $1^b) = 0$ und
es verschwindet auch der Koeffizient von λ^2. Ist dann
e^2 nicht gleich 1, so sind beide Lösungen von λ unendlich, $u_0 : v_0$ wird $0 : 0$ also unbestimmt, und da
$\lambda^2 (1 - a_{11})$ als endlich anzusehen, so sind u_0 und v_0
gleich 0 zu setzen, es muss auch $1 - a_{00} = 0$ sein, also
auch $e = 0$, und die Kurve ist ein Kreis. Ist $e = 1$,
so verschwindet die Gleichung e) völlig, dann ist $u_0 :$
$v_0 = -(1 - a_{00}) : a_{01}$ unendlich, da a_{00} gleich 0 und die
Form $1^a)$ ist $y^2 + 2a_{02}\, x + 2a_{12}\, y + a_{22}$ und stellt eine
Parabel dar, deren Leitlinie senkrecht auf der x-Axe.

Es erhellt somit:

Die Kurven 2. Grades sind mit den Kegelschnitten identisch.

Eine Gleichung 2. Grades und eine lineare haben
höchstens 2 gemeinsame Lösungen, also:

Ein Kegelschnitt wird von einer Geraden
höchstens in 2 Punkten geschnitten.

Sobald also mehr als 2 Punkte einer Kurve 2.
Grades auf Einer Geraden liegen, muss diese Gerade
ganz auf der Kurve 2. Grades liegen, d. h. der Kegelschnitt zerfällt in ein Paar gerader Linien, diese sogen.
uneigentlichen Kurven 2. Grades schliessen
wir hier aus.

Man sagt auch: Ein Kegelschnitt wird von einer Geraden stets in 2 Punkten geschnitten, die entweder beide reell und verschieden sind, oder in einen (doppelt gezählten) zusammenfallen und dann heisst die Gerade eine Tangente, oder unsichtbar (imaginär) sind, je nachdem die quadratische Gleichung, welche sich durch Elimination von y bezw. x zwischen den Gleichungen der Kurve und der Geraden ergiebt, für x bezw. y zwei reelle Lösungen, eine oder keine hat.

- - - - -

Den Kurven 2. Grades (2. Ordnung) entsprechen dual (S. 47) die Kurven 2. Klasse, d. h. solche, deren Gleichung in Linienkoordinaten vom 2. Grade in u und v zusammen ist, wie z. B. der Kreis, so dass also durch jeden Punkt nicht mehr wie 2 Tangenten der Kurve gehen bezw. genau 2, wenn wir zusammenfallende doppelt und imaginäre Lösungen mitzählen.

Fragt man, welche Eigenschaft der Geraden als Tangenten dual der fundamentalen der Punkte der Kegelschnitte entspricht, so sieht man leicht, wenn L wieder die Leitlinie, F den Focus bezeichnet, und S der Schnittpunkt der beliebigen Tangente t mit L ist, (Fig. 12), die Tangente t muss den Winkel zwischen L und S F nach konstantem Teilungs-verhältnis teilen.

Sei t $\{$ (u v), dann ist der Schnitt S von L und t bestimmt durch S $\{$ (ξ η) wo $\xi = \dfrac{v - v_0}{\lambda}$; $\eta = \dfrac{u_0 - u}{\lambda}$ und $\lambda = u_0 v - v_0 u$ (cf. § 12, 8).

Nach § 12, 9 ist $\sin^2(Lt) = \dfrac{\lambda^2}{(u_0{}^2 + v_0{}^2)(u^2 + v^2)}$

$\sin^2(t, SF) = \dfrac{FD^2}{SF^2}$; $FD^2 = \dfrac{(ua + vb - 1)^2}{u^2 + v^2}$

$SF^2 = (\xi - a)^2 + (\eta - b)^2$; somit geht die Gleichung

$\sin^2(t, SF) = e^2 \sin^2(Lt)$ oder

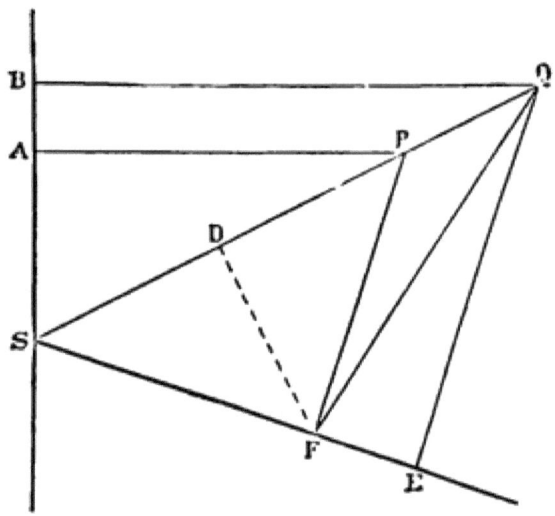

Fig. 12.

$$\dfrac{\lambda^2}{u^2 + v^2}[(\xi - a)^2 + (\eta - b)^2] = \gamma \dfrac{(ua + vb - 1)^2}{u^2 + v^2}$$

nach Multiplikation mit $(u^2 + v^2)$ über in

2) $(v - v_0 - a\lambda)^2 + (u_0 - u - b\lambda)^2 = (ua + vb - 1)^2\gamma$

Die Gleichung 2) enthält 5 Konstanten, und ist daher mit der allgemeinen Gleichung 2. Klasse identifizierbar.

Es soll nun gezeigt werden, dass die Kurven 2. Grades mit denen 2. Klasse zusammenfallen.

Sei P $\left\{$ (x y) ein Punkt der Kurve C $\left\{$ Gleichung 1) und g $\left\{$ u x + v y — 1 = 0 (oder g $\left\{$ (u v)) eine Ge-

rade durch P. Eliminiert man zwischen 1) und der
Gleichung für g die Grösse y, so erhält man für die
Schnittpunkte von C und g

3) $x^2 [\lambda^2 - \gamma (u^2 + v^2)] + 2x [\lambda (v_0 - v) + \gamma v (a v - u b)$
$\quad + \gamma u] + (v_0 - v)^2 - \gamma [v^2 (a^2 + b^2) - 2 v b + 1]$,

wo λ und γ die alte Bedeutung haben. Entsprechend
ist die Gleichung für y, nur dass u mit v, a mit b
vertauscht wird, wobei λ in $-\lambda$ übergeht; 3) ist eine
quadratische Gleichung, welche 2 Lösungen für x giebt,
zu denen dann g das zugehörige y liefert. Giebt man
3) die Form: $x^2 \varrho + 2 \sigma x + \tau = 0$, so ist (Schubert, Arithmetik S. 113): $\sigma^2 - \varrho \tau > 0$ die Bedingung dafür, dass 3)
zwei reelle Lösungen hat, dass also g die Kurve C
wirklich schneidet; ist $\sigma^2 - \varrho \tau = 0$, so fallen beide
Lösungen in eine zusammen, die Gerade g $\{$ (u v) ist
eine Tangente der Kurve C; und ist $\sigma^2 - \varrho \tau < 0$, so
sind beide x imaginär, die Gerade g hat mit der
Kurve C keinen (sichtbaren) Punkt gemeinsam. Die
Tangente stellt also den Uebergang von den schneidenden zu den nichtschneidenden Geraden dar. Davon durchaus verschieden sind die Geraden, für welche $\varrho = 0$ ist,
wenn solche existieren; sie haben zwar auch nur Einen
Punkt mit der Kurve gemeinsam, aber sie bilden keine
solche Grenze; man kann, wie bei der Parabel noch
näher ausgeführt wird, annehmen, dass sie von der
Kurve im Unendlichen geschnitten werden, da $x = \infty$,
wenn $\varrho = 0$ der Gleichung 3 formal genügt. Da ϱ proportional $e^2 \sin^2 w - 1$ ist, wenn w der Winkel zwischen
L und g, so heisst $\varrho = 0$: $\sin w = \pm \dfrac{1}{e}$, also nur, wenn
e > 1, d. h. also bei der Hyperbel, giebt es

zwei Scharen von Geraden, bestimmt durch $\sin w = + \dfrac{1}{e}$, welche die Kurve im Endlichen nur in Einem Punkt schneiden; unter ihnen sind zwei, welche selbst den Charakter von Tangenten haben, die beiden, für welche auch $\dfrac{\sigma}{(u^2 + v^2)(u_0^2 + v_0^2)} = 0$ ist, und von denen man sagen kann, dass sie die Kurve im Unendlichen berühren; sie heissen: Asymptoten.

    Damit also die Gerade $(u\,v)$ Tangente sei, muss $\sigma^2 - \varrho\,\tau = 0$ sein; man sieht sofort, dass $\lambda^2 (v_0 - v)^2$ sowohl in σ^2 als in $\varrho\,\tau$ vorkommt, also herausfällt, und der Ausdruck sich dann durch γ dividieren lässt; die Glieder, welche dann noch γ enthalten, geben zusammengefasst sofort $\gamma\,(u\,a + v\,b - 1)^2$, die übrigen, wenn man geschickt zusammenzieht, z. B. $2\,\lambda^2\,v\,b$ mit $2\,\lambda\,v\,b\,u$ $(v_0 - v)$, fast ebenso mühelos die linke Seite von 2), also: **Die Gleichung 2 ist die Gleichung der Kegelschnitte in Linienkoordinaten,** oder auch: **Die Kurven 2. Grades sind Kurven 2. Klasse.** Bei der fast völligen Symmetrie der Gleichungen 1) und 2), sowie der der Geraden und des Punktes beweist man ganz ebenso umgekehrt: **Die Kurven 2. Klasse sind Kurven 2. Grades,** also: **Die Kegelschnitte sind die einzigen Kurven 2. Grades und 2. Klasse.**

§ 18. Die Gleichung der Tangente und der Berührungssehne.

Die fundamentale Eigenschaft der Tangente: den Winkel zwischen ihrem Brennstrahl auf der Leitlinie und dieser selbst in konstantem Verhältnis zu teilen — führt sofort zu dem Satz:

Der Brennstrahl nach dem Berührungspunkt steht auf dem Brennstrahl nach dem Leitlinienpunkt der Tangente senkrecht (oder: das Stück der Tangente zwischen Kurve und Leitlinie erscheint vom Brennpunkt aus unter rechtem Winkel).

Es ist nämlich (Fig. 12) $PF = e\,PA$ nach 1) und das Loth von P auf SF nach 2) auch gleich $e\,PA = PF$. Der Satz ergiebt eine sehr einfache Konstruktion der Tangente, wenn P, L und F gegeben sind. Ferner:

Die Leitlinie, SF, und die beiden Tangenten von S an die Kurve bilden ein harmonisches Büschel.

Ist S_1 der Schnittpunkt zweier Tangenten, nicht auf L, und wird L von der Tangente SP_1 (Fig. 13) in S_1 und von der Tangente SP_2 in S_2 geschnitten, so folgt aus 2) sofort, dass S von $S_1 F$ und $S_2 F$ gleichen Abstand hat, und somit auf der Linie liegt, welche den Winkel $S_1 F S_2$ halbiert, da nun, wie eben gezeigt, $S_1 F P_1$ und $S_2 F P_2$ rechte Winkel sind, also gleich, so folgt:

Der Brennstrahl nach dem Schnittpunkt zweier Tangenten halbiert den Winkel zwischen den Brennstrahlen nach den Berührungspunkten, oder auch: der Schnittpunkt hat von den Berührungsbrennstrahlen gleichen Abstand.

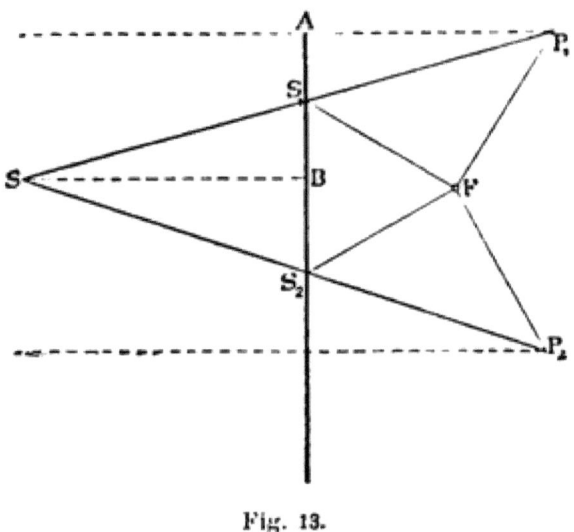

Fig. 13.

Seien u und v die Koordinaten einer Tangente, x_1 und y_1 die des Berührungspunktes, so dass also u und v der Gleichung 2) genügen, so geht 3) nach Multiplikation mit ϱ, weil $\sigma^2 = \varrho \tau$ ist, über in $(x \varrho + \sigma)^2 = 0$ also ist $x_1 \varrho + \sigma = 0$; da ϱ in u_0, v_0; u, v symmetrisch, so ist $y_1 \varrho + \sigma' = 0$, wo σ' aus σ durch Tausch von u_0 mit v_0, u mit v, a und b hervorgeht, also

$$4)\quad x_1 = -\frac{[\lambda\,(v_0-v) + \gamma\,v\,(a\,v-u\,b) + \gamma\,u]}{\lambda^2 - \gamma\,(u^2 + v^2)}$$

$$y_1 = -\frac{[-\lambda\,(u_0-u) + \gamma\,u\,(b\,u-a\,v) + \gamma\,v]}{\lambda^2 - \gamma\,(u^2 + v^2)};$$

hiermit sind x_1 und y_1 durch u und v ausgedrückt. Beachtet man, dass nach: 4^a) $x_1 u + y_1 v - 1$
$= 0$ ist, so ist

$$5) -\frac{u}{v} = \frac{-u_0\gamma^{-1}q(x_1 y_1) + (x_1-a)}{v_0\gamma^{-1}q(x_1 y_1) - (y_1-b)} = -\frac{z}{u}$$

wo $q(x\,y)$ oder $q(x\,y) = u_0 x + v_0 y - 1$ ist. Also ist
$u = zf$, $v = nf$, wo f durch 4^a) bestimmt wird. Da
$-\frac{u}{v}$ der Richtungsfaktor der Tangente, so ist ihre
Gleichung

$$y - y_1 = \frac{-z}{u} (x - x_1) \quad \text{oder}$$

$\gamma^{-2} q(x_1 y_1)\, q(x|y) - (x_1-a)(x-a) - (y_1-b)(y-b) =$
$\gamma^{-2} q(x_1 y_1) q(x_1|y_1) - (x_1-a)(x_1-a) - (y_1-b)(y_1-b)$

Die rechte Seite ist aber nichts anderes als die
auf O gebrachte Gleichung 1) der Kurve, also ist die
Gleichung der Tangente

$$6) \quad \frac{e^2}{u_0{}^2 + v_0{}^2} (x_1 u_0 + y_1 v - 1)(x u_0 + y v_0 - 1) =$$
$(x_1-a)(x-a) + (y_1-b)(y-b)$

Die Gleichung der Tangente wird erhalten,
wenn man in der des Berührungspunktes die
Quadrate in ihre Faktoren auflöst, und in
dem einen Faktor statt der Koordinaten des
Berührungspunktes die des laufenden Punktes
der Tangenten einsetzt.

Das Resultat lässt sich ohne Rechnung ableiten.
Es ist PF.QF cos PFQ der rechten Seite von 6)

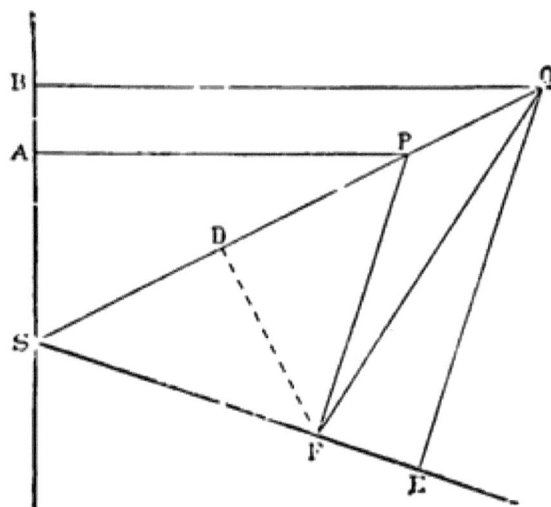

Fig. 12.

gleich (Fig. 12) aber nach 1) ist $PF = ePA$, und nach 2) ist $QF \cos PFQ = QE = eQB$, somit 6) erwiesen.

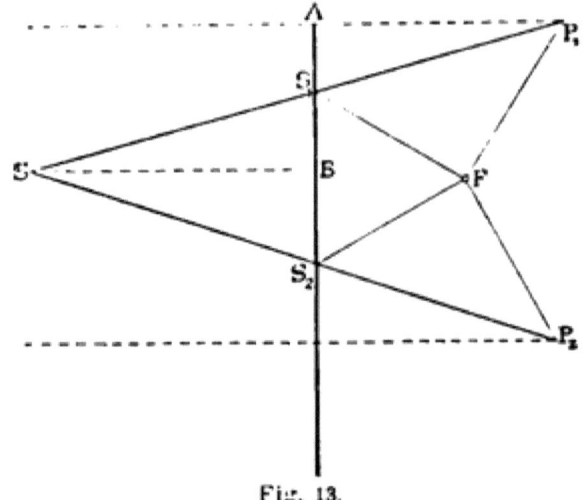

Fig. 13.

Da (Fig. 13) $eSB = SF \cos SFP_1$ und ebenso $eSB = SF \cos SFP_2$, so ist, wie schon oben bewiesen, $SFP_1 = SFP_2$.

Ist P $\left\{ \begin{array}{c} \\ \end{array} \right.$ (ξ, η) ein beliebiger Punkt, und sollen von ihm aus an die Kurve 1) die Tangenten gelegt werden, so hat man die Gleichung des Punktes: $\xi u + \eta v - 1 = 0$ mit der der Kurve in Linienkoordinaten zu kombinieren, also mit 2), daraus berechnen sich die beiden Lösungen $u_1 v_1$ und $u_2 v_2$, mittelst deren durch 4a) die Koordinaten der Berührungspunkte $x_1 y_1$ und $x_2 y_2$ bestimmt werden. Man kann auch in 6) x und y durch ξ und η ersetzen und 6) mit 1) kombinieren, um direkt $x_1 y_1$ und $x_2 y_2$ zu finden. Durch diese ist dann die Gleichung der Berührungssehne (Chordale) bestimmt, aber sie lässt sich direkt ableiten. Es gilt 6) sowohl für die Tangente $u_1 v_1$ in A $\left\{ \begin{array}{c} \\ \end{array} \right.$ ($x_1 y_1$), als für die in B $\left\{ \begin{array}{c} \\ \end{array} \right.$ ($x_2 y_2$). Durch Subtraktion erhält man für den Richtungsfaktor ι von A B

$$\frac{y_2 - y_1}{x_2 - x_1} = - \frac{q(\xi \eta) u_0 - \gamma(\xi - a)}{q(\xi \eta) v_0 - \gamma(\eta - b)} = \iota = - \frac{z}{u}.$$

Also ist die Gleichung von A B

$$y - y_1 = \iota (x - x_1) \text{ oder } x z + y u = x_1 z + y_1 u$$

oder, wenn man Identisches auf beiden Seiten hinzufügt

$$q(\xi \eta)(x u + y v - 1) - \gamma [(x - a)(\xi - a) + (y - b)(\eta - b)]$$
$$= q(\xi \eta)(x_1 + y_1 v - 1) - \gamma [(x_1 - a)(\xi - a) + (y_1 - b)$$
$$(\eta - b)].$$

Die rechte Seite ist aber nach 6) $= 0$, somit die Gleichung der Berührungssehne (Chordale)

7) $\frac{e^2}{u_0^2 + v_0^2}(x u_0 + y v_0 - 1)(\xi u_0 + v_0 \eta - 1) = (x - a)$
$$(\xi - a) + (y - b)(\eta - b)$$

d. h. also die Gleichung der Berührungssehne ist dieselbe wie die der Tangente, nur dass statt der Koordinaten des Berührungspunktes die des Schnittpunktes P der Tangenten eintreten.

§ 19. Pol und Polare.

Man bezeichnet den Punkt P, den Schnittpunkt der Tangenten, als den Pol der Sehne A B, und die Sehne A B als die Polare des Punktes P. Die Gleichung 7) wird als Gleichung der Polare gewöhnlich auf 0 gebracht, sie ist 1) völlig unabhängig davon, ob die Lösungen $u_1 v_1$ und $u_2 v_2$ reell sind oder nicht, sie geht in die der Tangente über, sobald ($\xi \eta$) ein Punkt der Kurve; die Polare existiert also immer, als reelle Gerade, gleichgiltig, ob sich von P die Tangenten ziehen lassen oder nicht, d. h. ob P A < P F oder > P F, ob P ausserhalb der Kurve oder innerhalb liegt, sie fällt mit der Tangente zusammen im Grenzfall, wo P auf der Kurve. 2) Gleichung 7) ist symmetrisch in Bezug auf $\xi \eta$ und (x y). Wir haben den wichtigen Satz:

Liegt ein Punkt Q auf der Polare von P, so geht die Polare von Q durch P. Oder: Dreht sich eine Gerade um einen festen Punkt P, so bewegt sich ihr Pol P auf einer Geraden, der Polaren von P.

Wir haben dadurch ein Mittel, um jedem Punkte dual eine bestimmte Gerade zuzuordnen: seine Polare in Bezug auf einen beliebigen Kegelschnitt als Grund- oder Polarisationskurve; jeder Kurve n. Grades, d. h. deren Gleichung in x und y zusammen vom n. Grade, oder was dasselbe ist, jeder Kurve, die von einer Geraden in n Punkten (reell oder imaginär) geschnitten wird, entspricht eine Kurve n. Klasse, d. h. solche, bei der durch jeden Punkt n Tangenten gehen.

Den Kegelschnitten, und nur diesen, entsprechen wieder
Kegelschnitte, die Grundkurve entspricht sich selbst; zu
jedem Satz, der aussagt, dass p Gerade sich in Einem
Punkt schneiden, gehört sofort dual der Satz, dass p
Punkte, die Pole jener Geraden, auf einer Geraden, der
Polaren jenes Punktes, liegen und v. v.

Die linke Seite der Gleichungen der Polaren und
der Tangente verschwindet für alle Punkte A der Leitlinie L, die rechte ist dem Kosinus des Winkels zwischen
den Brennstrahlen nach dem Pol und nach dem be-
liebigen Punkt (x | y) proportional, somit ist Satz 1 des
§ 18 S. 77 durch Rechnung bewiesen und zugleich
seine Erweiterung:

Der Brennstrahl nach dem Pol steht auf
dem Brennstrahl nach dem Leitlinienpunkt
der Polaren senkrecht und ferner:

Wenn der Pol auf L liegt, geht die Polare
durch F, d. h. der Brennpunkt ist Pol der
zugehörigen Leitlinie.

Die Analogie mit dem Kreis führt auf die harmonischen Eigenschaften der Polare.

Sei P $\left\{\begin{array}{l}(\xi \mid \eta)\end{array}\right.$ der Pol, g $\left\{\begin{array}{l}(u \mid v)\end{array}\right.$ eine beliebige
seiner Geraden und schneide die Kurve 1) in den
Punkten C $\left\{\begin{array}{l}(x_1\ y_1)\end{array}\right.$ und D $\left\{\begin{array}{l}(x_2 \mid y_2)\end{array}\right.$ reell oder imaginär, alsdann gilt für die Koordinaten des Schnitt-
punktes die quadratische Gleichung 3), und es ist wieder
$x^2 \varrho + 2 x \sigma + \tau = 0$, also: (Schubert S. 113)

$$x_1 + x_2 = -2 \sigma : \varrho; \quad x_1 x_2 = \tau : \varrho$$

Fragt man nach dem Punkt Q $\{$ $(\xi_1\ \eta_1)$, der mit P die Punkte C und D harmonisch trennt, so ist nach §3. S. 19

$$(x_1 + x_2)(\xi + \xi_1) = 2(x_1\,x_2 + \xi\,\xi_1)$$

oder

7a) $\xi\,\xi^1\,\varrho + (\xi + \xi_1)\,\sigma + \tau = 0$

wo nach 3): $\varrho = \lambda^2 - \gamma(u^2 + v^2)$; $\sigma = \lambda(v_0 - v) + \gamma\,v^2 a - \gamma u(v b - 1)$; $\tau = (v_0 - v)^2 - \gamma\,v^2 a^2 - \gamma(v b - 1)^2$, also geht 7a) über in

7b) $(\xi\,\lambda + v_0 - v)(\xi_1\,\lambda + v_0 - v) = \gamma\,[v^2(\xi - a)(\xi_1 - a) + (\xi u + v b - 1)(\xi_1 u + v b - 1)]$.

Da $\lambda = u_0\,v - v_0\,u$ und (durch g) sowohl $\xi u - 1 = -\eta v$ als $\xi_1 u - 1 = -\eta_1 v$, so haben wir

7c) $v^2(\xi u_0 + \eta\,v_0 - 1)(\xi_1\,u_0 + \eta_1\,v_0 - 1) = v^2\,\gamma\,[(\xi_1 - a)(\xi_1 - a) + (\eta - b)(\eta_1 - b)]$ woraus nach (erlaubter) Division mit v^2 wieder:

7) $q(\xi\,\eta)\,q(\xi_1\,\eta_1) = \gamma\,[(\xi - a)(\xi_1 - a) + (\eta - b)(\eta_1 - b)]$ d. i. aber die Gleichung der Polaren. Damit ist der **Hauptsatz der Kegelschnittslehre** erwiesen:

Die Kegelschnittspunkte einer beliebigen Sehne werden durch einen Pol auf der Sehne und seine Polare harmonisch getrennt.

Der Satz gilt völlig allgemein, gleichgültig, ob der Pol innen oder aussen, ob die sich um den Pol drehende Sehne die Kurve K schneidet, berührt, oder nicht schneidet (d. h. die gemeinsamen Lösungen der Gleichungen 1) und der Sehne imaginär sind).

Wir haben in diesem Satz ein Mittel, um von einem Punkt P (ausserhalb) die Tangenten an K zu ziehen und zwar mit alleiniger Hilfe des Lineals. Man hat nur nötig (Abschnitt 1 § 8), die Figur des vollständigen Vierseits herzustellen. Man zieht also

von P die beiden Sekanten P 1, 2, P 3, 4, wo 1,
2, 3, 4 Punkte der Kurve sind, zieht 1, 3 und 2, 4,
schneiden sich in Q, und 1, 4 und 2, 3 schneiden sich
in R, so ist RQ die Polare von P. Verbindet man
die Punkte A und C, in denen RQ die Kurve K
schneidet, mit P, so sind PA und PC die Tangenten.

Die Punkte PQR bilden ein sogen. Tripel, da
PQ die Polare von R und PR die Polare von Q ist,
das Dreieck PQR entspricht sich also bei Polarisation durch die Kurve K selbst. Zieht man von
Q eine Tangente an die Kurve, so liegt also der Berührungspunkt auf PR; Wir haben die Sätze:

Das Stück jeder dritten Tangente zwischen
zwei festen Tangenten wird durch den eignen
Berührungspunkt und die Polare des Schnitt-
punkts der festen Tangenten harmonisch geteilt, und

In jedem Tangentendreieck schneiden
sich die Ecktransversalen nach den gegen-
überliegenden Berührungspunkten in Einem
Punkt und liegen die 3 Schnittpunkte der
Tangenten mit den nicht zugehörigen
Polaren in Einer Geraden. Ebenso einfach ergiebt sich aus der harmonischen Eigenschaft des vollständigen Vierseits der Satz:

Die Diagonalen des einem Kegelschnitt
eingeschriebenen Vierecks und die des zugehörigen umgeschriebenen Vierecks schneiden sich in Einem Punkt. (Die Seiten des Einen
sind Polare zu den Ecken des anderen Vierecks.)

§ 20. Sehnenschar und Durchmesser in Konjunktion.

Rückt der Pol P ins Unendliche, d. h. werden die Geraden, die auf ihm liegen, parallel, so rückt der zu ihm harmonische auf jeder Sehne in die Mitte der Sehne, also:

Die Mitten aller parallelen Sehnen liegen auf Einer Geraden, der Polaren des in der Richtung der Sehnenschar unendlich fernen Punkts.

Polaren, deren Pol unendlich fern, heissen Durchmesser. Der einzelne heisst der Sehnenschar, die er halbiert, konjugiert (zugeordnet).

Der Durchmesser selbst schneidet die Kurve in zwei (reellen oder imaginären) Punkten; die Tangenten in diesen Punkten gehören mit zu seiner Sehnenschar, es sind also die Tangenten zu je zwei parallel, und es ist jetzt leicht, eine Tangente von gegebener Richtung zu konstruieren.

Dieselbe Konstruktion, welche zum Pol P die Polare liefert, giebt auch den zur Sehnenschar konjugierten Durchmesser, nur sind 12 und 34 parallel; also:

Die Verbindungsgeraden der Endpunkte paralleler Sehnen schneiden sich auf dem konjugierten Durchmesser und:

Die Tangenten in den Endpunkten einer Sehne schneiden sich auf dem konjugierten Durchmesser.

Der Schnitt m zweier Durchmesser ist harmonisch zu zwei Punkten im Unendlichen, also liegt seine Polare ganz im Unendlichen; es ist eine unendlich ferne Gerade, deren Koordinaten $u = 0$ $v = 0$ sind, und da wir gene-

raliter völlige Aequivalenz zwischen der Geraden und
ihren Koordinaten haben, so müssen wir auch zu
$u = 0$ $v = 0$ nur Eine Gerade zuordnen, somit ist die
Polare von M die unendlich ferne Gerade, und da sie
jeden Durchmesser im Unendlichen schneidet, so muss
M die Mitte aller Durchmesser sein.

Der Punkt M ist also der Mittelpunkt
oder das Centrum des Kegelschnitts, d. h.
ein Punkt, welcher jede durch ihn gehende
Sehne halbiert; M kann auch ins Unendliche rücken
oder, was dasselbe ist, die Durchmesser können parallel
sein. Da es zu jeder, also auch zur unendlich fernen
Geraden, nur Einen Pol giebt, so giebt es auch nur
Ein Centrum. Wir wollen nun diese Resultate durch
die Rechnung bestätigen.

Es sei P $\Big\{$ $(\xi'\eta)$ ein unendlich ferner Punkt, d. h.
also ξ und η oder doch eins von beiden über jedes
Mass gross, alsdann ist sicher entweder $1 : \xi$ oder $1 : \eta$
$= 0$ und die Gleichung des Punktes P ist: $u\xi + v\eta = 0$

d. h. $- \dfrac{u}{v} = \dfrac{\eta}{\xi}$, der Richtungsfaktor aller Geraden
durch P ist konstant, die Geraden von P sind parallel,
wie an und für sich klar. Es geht dann 7) über in:

8) $\lambda q(x\ y) = \gamma\ [(x - a) v - (y - b) u]$

wo λ wieder $u_0 v - v_0 u$ ist: Da 8) in x und y linear,
so ist 8) $\Big\{$ einer Geraden π, 8) hängt aber nur von $u : v$
ab, und bleibt daher für alle parallelen Geraden, oder
w. d. s., für alle Geraden von P, ungeändert. Ist
G $\Big\{$ $(u\ v)$ eine bestimmte von ihnen, welche die Kurve
K in $(x_1\ y_1)$ und $(x_2\ y_2)$ schneidet, so ist ihr Richtungs-

faktor $\dfrac{-u}{v}$ .. $\dfrac{y_2-y_1}{x_2-x_1}$ d. h. es ist erlaubt, in 8) für
u zu setzen y_2-y_1 und für $v - (x_2-x_1)$. Weil
aber $(x_1\ y_1)$ und $(x_2\ y_2)$ die Gleichung 1 der Kurve
erfüllen, so wird 8) erfüllt, wenn $2x = x_1 + x_2$;
$2y = y_1 + y_2$ gesetzt wird, d. h. die Gerade 8, die
Polare π von P, geht durch die Mitte jeder
Geraden von P d. h. sie halbiert die Schaar
paralleler Sehnen, deren Richtungsfaktor
$-u : v$ ist.

Sei jetzt π^1 konjugiert zu $(-u^1 : v^1)$ ein zweiter
Durchmesser, so ist für den Schnittpunkt M sowohl
$\pi = 0$ als $\pi^1 = 0$ und somit

$$8^a)\quad \frac{\lambda}{\lambda^1} = \frac{(x-a)\,v-(y-b)\,u}{(x-a)v^1-(y-b)u^1} = \frac{u_0\,v-v_0\,u}{u_0\,v^1-v_0\,u^1}\quad \text{d. h.}$$

aber $\dfrac{x-a}{y-b} = \dfrac{u_0}{v_0}$ oder $(x-a) = \vartheta.u_0;\quad (y-b) = \vartheta v_0$
folglich ergiebt 8) für die Bestimmung von ϑ, da

$$\vartheta = [(x-a)\,v - (y-b)u] : \lambda \text{ ist:}$$

$$q(x\ y) = \vartheta(u_0{}^2 + v_0{}^2)-1 + au_0 + v_0 b = \gamma\vartheta;\quad \text{d. h.}$$

$$8^b)\quad \vartheta = \frac{-e^2(u_0\,a + v_0\,b-1)}{(u_0{}^2 + v_0{}^2)(e^2-1)}$$

und $(x-a) = \vartheta u_0;\ (y-b) = \vartheta v_0;\ x = a + \vartheta u_0;$
$$y = b + \vartheta v_0$$

d. h. aber aus den Koordinaten von M sind sowohl u und v als auch u^1 und v^1 völlig ver-
schwunden, sie hängen nur von den Konstanten der Kurve ab, der Punkt M ist also
für alle Durchmesser derselbe.

Ist $e = 1$, so ist ϑ und damit x und y unendlich,
d. h. also: bei der Parabel liegt das Centrum im
Unendlichen, ihre Durchmesser sind parallel.

No. 8 lässt sich auch schreiben

9) $x(\lambda u_0 - v\gamma) + y(\lambda v_0 + u\gamma) - (\lambda - \gamma a v + \gamma b u) = 0$
oder $x\alpha + y\beta - n = 0$; es sind also $(\lambda u_0 - v\gamma):n$ und $(\lambda v_0 + u\gamma):n$ die Koordinaten U und V des Durchmessers, welcher der Richtung (u v) konjugiert ist und $-\alpha:\beta$ ist sein Richtungsfaktor. Für die Parabel ist $-\alpha:\beta = -v_0:u_0$, d. h. nach § 12 S. 53.

Die Durchmesser der Parabel stehen auf der Leitlinie senkrecht.

Da für die Parabel das Centrum als Pol auf seiner Polaren liegt, so sagt man, dass die Parabel von der unendlich fernen Geraden berührt wird.

Man zeigt umgekehrt, dass die Polare μ von M $\{$ (ξ η) die unendlich ferne Gerade ist. Es ist $q(\xi\eta) = \gamma\vartheta$, also wird 7) nach Division mit $\gamma\vartheta$

$$q(x\ y) = (x-a) u_0 + (y-b) v_0$$

$$x(u_0 - u_0) + y(v_0 - v_0) - (1 + a u_0 + b v_0) = 0$$

d. h. aber μ hat die Koordinaten O O oder μ ist die unendlich ferne Gerade.

Es ist ebenfalls sofort zu verifiziren, dass M auf jedem Durchmesser liegt, da $U\xi + V\eta = 1$ oder w. d. i. $\alpha\xi + \beta\eta = n$ ist, man braucht nur die Gleichung $\vartheta(u_0^2 + v_0^2 - \gamma) = -(u a + v b - 1)$ zu benutzen; dass dann M die Mitte jedes Durchmessers ist, folgt sofort daraus, dass sein 4. harmonischer im Unendlichen, wird aber auch direkt mit Benutzung von

$$\frac{x_1 + x_2}{2} = \frac{-\sigma}{\varrho}$$ (§ 19 S. 83) nachgewiesen und ohne

jede Mühe, wenn man den Koordinatenanfangspunkt nach F verlegt d. h. $n = \lambda$ setzt.

Unter der Sehnenschaar (u , v) welche der Durchmesser (U V) halbiert, ist Eine, welche durch M geht, also selbst ein Durchmesser (U¹ V¹) ist, zugeordnet der Richtung (u¹ v¹).

Aus den Gleichungen 9) folgt dann

$$n^1 U^1 = \lambda^1 u_0 - v^1 \gamma = r u$$
$$n^1 V^1 = \lambda^1 v_0 + u^1 \gamma = \nu v \text{ und hieraus}$$
$$u^1 = c(\lambda u_0 - v \gamma); \quad v^1 = c(\lambda v_0 + u \gamma)$$

d. h. aber: $\dfrac{u^1}{v^1} = \dfrac{U}{V}$ also:

G e h ö r t e i n D u r c h m e s s e r z u r S e h n e n s c h a a r e i n e s a n d e r e n , s o g e h ö r t d e r a n d e r e z u r S e h n e n s c h a a r d e s e r s t e n .

Solche Durchmesser heissen k o n j u g i e r t. Diese Zuordnung ist für die Parabel g e g e n s t a n d s l o s, weil nur die unendlich ferne Gerade als durch M gehend und dem Durchmesser nicht parallel angesehen werden kann, bezw. da alle Durchmesser parallel sind, jeder sich selbst konjugiert ist. Da der 2. Schnitt-punkt des Durchmessers der Parabel mit der Kurve im Unendlichen liegt, so geht die Kurve m i t t e n z w i s c h e n P o l u n d P o l a r e h i n d u r c h, und dies ist die charakteristische Eigenschaft der Parabel. Ist M im Endlichen gelegen, so kann der Durchmesser auf seiner Sehnenschaar senkrecht stehen, die Bedingung dafür ist (§ 12 S. 53) u U + v V = 0, d. h. aber:

$$\lambda(u_0 u + v_0 v) = 0$$

Ist λ identisch 0 d. h. ist $u_0 = 0$ und $v_0 = 0$, so sind alle konjugierten Durchmesser aufein-ander senkrecht, dann ist aber die Leitlinie die unendlich ferne Gerade, d. h. die Kurve ist der K r e i s, und wir treffen hier eine wohlbekannte Eigenschaft des

Kreises wieder. Ist λ nicht identisch 0, so haben wir nur die Lösungen $u : v = u_0 : v_0$ oder $u : v = -(v_0 : u_0)$, beide Lösungen ergeben ein einziges Paar konjugierter Durchmesser, welche aufeinander senkrecht stehen: der Durchmesser parallel der Leitlinie und der auf ihr senkrechte. Diese Durchmesser heissen die Axen der centralen Kegelschnitte: Ellipse und Hyperbel. Aus 8) folgt, dass Eine der beiden, die auf L senkrechte, durch den Brennpunkt geht, diese Axe heisst die Hauptaxe, die andere bei der Elipse kleine — bei der Hyperbel Nebenaxe.

Auch bei der Parabel giebt es einen Durchmesser, der seine Sehnenschaar unter rechtem Winkel halbiert, der, dessen Schaar die Richtung der Leitlinie hat. Da für diesen $\lambda = 0$, so geht auch er durch den Brennpunkt und heisst die Axe der Parabel. Oft nennt man die Axen gemeinsam Hauptaxen.

VII. Abschnitt.

Die Parabel.

§ 21. Gestalt der Kurve.

Die Parabel ist der Kegelschnitt für den $e = 1$, d. h. sie ist der Ort der Punkte, welche von einer festen Geraden, — der Leitlinie (L) — und einem festen Punkt — dem Brennpunkt (F) — gleichen Abstand haben, bezw. ist sie die Kurve, welche von der Gesamtheit aller der Geraden umhüllt wird, welche L so

schneiden, dass sie den Winkel zwischen L und dem
Brennstrahl nach dem Schnittpunkt halbieren, oder,
was dasselbe ist, sie ist der Ort der Symmetrieaxen
aller Strecken, welche von F nach L gezogen werden
können (Fig. 14).   Den Berührungspunkt B selbst er-

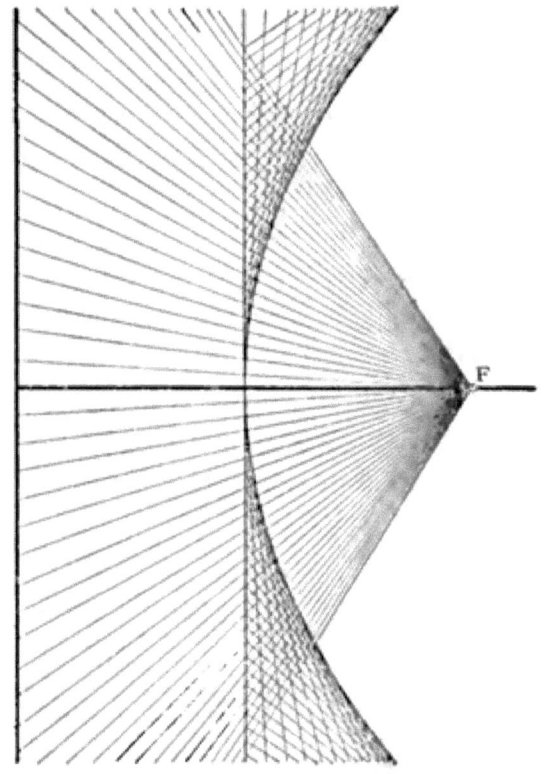

Fig. 14.

hält man, wenn man in dem zugehörigen Punkte der
Leitlinie auf ihr das Loth errichtet (Fig. 15).   Ausgezeichnet ist die Tangente, welche L parallel ist, sie
geht durch die Mitte S des von F auf L gefällten
Lothes FG.   Punkt S heisst: Scheitel der Parabel,

die Tangente in S: die Scheiteltangente, die Gerade G F ist nach Definition die Axe der Parabel.
Die Senkrechten auf L, welche die Berührungspunkte
liefern, sind die Durchmesser. Sie haben mit der
Kurve zwar auch nur einen Punkt gemeinsam, aber ihr
Schnittpunkt im Unendlichen kann als Parabelpunkt
gelten, weil das Verhältnis P F : P A sich mit wach-

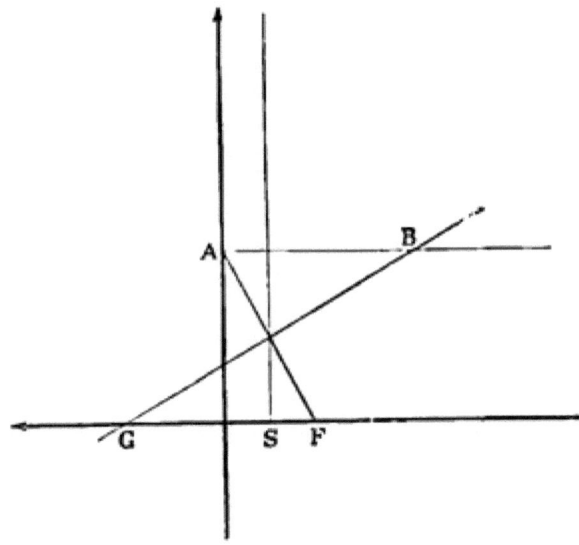

Fig. 15.

sender Entfernung des Punktes P mehr und mehr der
Einheit nähert. Man sieht, die Kurve liegt ganz auf
der Seite von L, bezw. der Scheiteltangente, auf der
F liegt. Die Axe teilt L und damit die Kurve in
zwei symmetrische Teile, die Tangenten drehen sich
von der Scheiteltangente oberhalb und unterhalb fortwährend nach der Axe zu, bis sie in unendlicher Entfernung von S untereinander und der Axe parallel

werden, und die Axe der Kurve und einander im unendlich fernen Punkt der Parabel treffen. Alles dies ist leicht durch die Rechnung zu bestätigen.

Wählt man S zum Anfangspunkt, die Axe zur X-Axe, die Scheiteltangente zur Y-Axe, nennt die Länge von $\overrightarrow{FG}$ kurz p, und setzt als $+X$ den Strahl $\overrightarrow{SF}$ fest, so ist:

$u_0 = -2p$; $v_0 = 0$; $a = \frac{1}{2}p$; $b = 0$; $e = 1$

und damit gehen 1) und 2) über in

1) $y^2 = 2px$; 2) $v^2 = 2up^{-1}$

wir haben also dieselbe Erscheinung wie beim Kreis.

Die Parabelgleichung enthält in Punkt wie in Linienkoordinaten nur die eine Konstante p von der die Gestalt der Kurve abhängt, sie heisst der Parameter, Grenzfälle sind $p = 0$ -- dann artet die Kurve in die (doppelt zu denkende) X-Axe aus -- und $p = \infty$, dann geht die Kurve in die unendlich ferne Gerade über. Da in Folge von 1) $y = +\sqrt{2px}$, dagegen $x = \dfrac{y^2}{2p}$ völlig bestimmt ist, so folgt, dass die X-Axe d. h. die Kurvenaxe für die Kurve eine Symmetrieaxe ist, ferner dass auf jeder Seite der Axe die Punkte der Kurve sich von beiden Seiten fortwährend entfernen, aber so, dass die Abstände von der X-Axe sich immer schwächer und schwächer ändern, so dass die Kurve im Unendlichen als der X-Axe parallel angesehen wird. Zu $x = +\infty$ gehört zwar auch $y = +\infty$ und $y = -\infty$, aber da wir die Gerade als im Unendlichen geschlossen denken, so können wir diese beiden Punkte $(x +\infty)$ und $(x - \infty)$ als zusammenfallend ansehen und im verschwindenden Abstand von der X-Axe, weil $\mid x$ gegen x verschwindet, wenn x über jedes Mass gross, so dass wir die Kurve als im Unendlichen geschlossen denken und den unendlich fernen Punkt in der Richtung der Axe. Es hindert ferner nichts, anzunehmen, dass zu jedem y ausser dem x, welches 1 liefert, noch der Wert $x = z$ gehört,

$$\left[\; 1 \text{ ist } \Big\{ \text{ mit } 0\,x^2 + 2\,px - y^2 = 0; \text{ woraus} \right.$$

$$\left. x = \frac{p}{0} + \Big\rvert \frac{'p^2}{0^2} + \frac{y^2}{0}, \; x = \frac{2\,p}{0} \quad z \right]$$

entsprechend der Thatsache des vorigen §, wonach alle Durchmesser (deren Gleichung $y = c$ ist) die Kurve im unendlich fernen Punkte schneiden.

Die Gleichung $v^2 = 2\,u\,p^{-1}$ zeigt a), dass zu jedem u zwei gleiche und entgegengesetzte v gehören, d. h. dass zu jedem Punkt der X-Axe zwei symmetrisch gegen die Axe gelegene Tangenten gehören, die reell sind für alle negativen u, d. h. für alle Punkte auf dem Strahl $S\,G$, für S selbst fallen beide v zusammen. Zu jedem v gehört nur ein u, es giebt scheinbar durch jeden Punkt der Y-Axe, d. h. der Scheiteltangente, nur Eine Tangente, dazu kommt aber wieder die Lösung $u = z$, d. h. die Scheiteltangente selber. Die Gleichung 2 giebt eine bequeme Erzeugung der Kurve aus ihren Tangenten. Die Gleichung $v^2 - 2\,u\,p^{-1} = 0$ ist hervorgegangen aus $\sigma^2 - \varrho\,\tau$ des § 17, wir entnehmen daraus den Satz:

Eine Gerade schneidet die Parabel, berührt sie, schneidet sie nicht, je nachdem

der Gegenpunkt des Brennpunkts in Bezug
auf die Gerade auf die Brennpunktsseite
der Leitlinie, auf die Leitlinie oder entgegengesetzt fällt.

Die Gleichungen der Tangente und der Polare
folgen aus 7) und 9) des § 20.

3) $y y^1 = p (x + x^1)$ bezw. 3ª) $y \eta = p (x + \xi)$. [Be-
rührungspunkt $\{ (x, y_1)$; Pol $\{ (\xi, \eta)]$.

Aus 3) bezw. 3ª) folgt, dass wenn $y = 0$, so $x
= -x^1$ (bezw. $-\eta^1$), d. h. die Tangente (Polare)
schneidet die Axe so, dass der Scheitel in
der Mitte zwischen dem Schnitt und dem
Fusspunkt der Ordinate des Berührungspunkts (Poles) liegt.

Aus 3) erhellt die für die Parabel charakteristische
Thatsache, dass die Konstruktionsfigur ABF
der Figur 15 sich zu der Raute ABFT ver-
vollständigen (Fig. 16) lässt, sowie der Satz:

Alle Parabeltangenten (bezw. Polaren)
werden zwischen Kurve (Durchmesser) und
Axe von der Scheiteltangente halbiert.

Die Senkrechte auf der Tangente im Berührungspunkt heisst bei allen Kurven Normale, das Stück
der X-Axe zwischen dem Fusspunkt β der Ordinate und
dem Schnittpunkt T der Tangente heisst Subtangente,
das Stück zwischen dem Fusspunkt β und dem Schnitt
der Normale N heisst die Subnormale.

Aus der Kongruenz der Dreiecke T A G und F B β;
G A F und β B N folgt:

Die Subtangente ist doppelt so lang als die Abscisse und was wichtiger:

Die Subnormale ist konstant und gleich dem Parameter.

Schlägt man um F mit dem Brennstrahl FB den

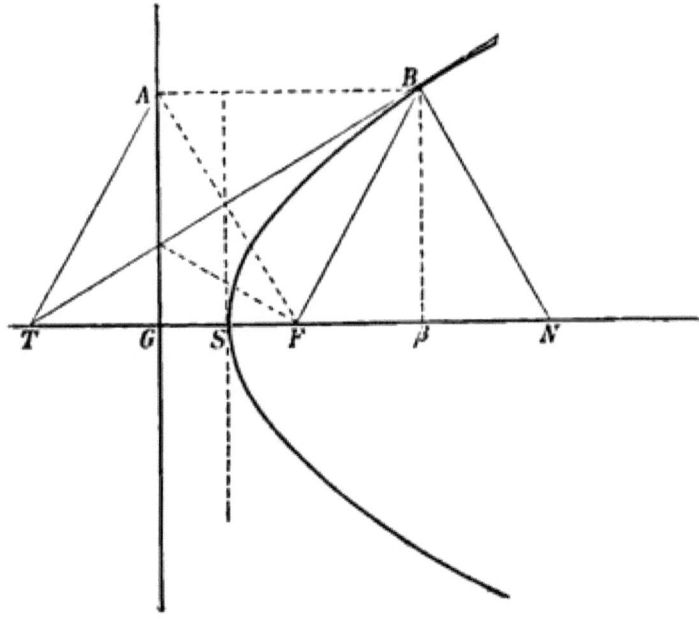

Fig. 16.

Kreis, so trifft er die Axe in T und N und liefert Tangente und Normale zugleich. Da die Tangente die Symmetrieaxe zu FA, so ist es leicht, von irgend einem Punkt P an die Parabel die Tangenten zu konstruieren. Man hat nur um P mit PF einen Kreis zu schlagen, der (wenn P ausserhalb, d. h. PF > PC) (Fig. 17) die Leitlinie in den Punkten A und A₁ schneidet; die Symmetrieaxen zu FA bezw. FA¹ sind

dann die Tangenten und B und B, die Berührungspunkte.

Da die Tangente den Winkel ABF halbiert, so
halbiert die Normale den Nebenwinkel, d. h.:

All e Strahlen, welche von F her die Kurve
treffen, werden in der Richtung der Axe zu-
rückgeworfen, und alle Strahlen, welche in

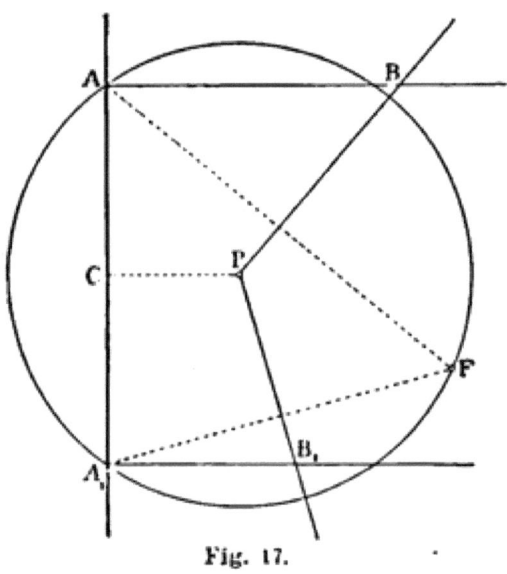

Fig. 17.

der Richtung der Axe von innen kommend
die Kurve treffen, werden im Brennpunkt
gesammelt.

Diese Eigenschaften, von denen der Brennpunkt
seinen Namen hat, machen die parabolischen Spiegel
so wichtig für Optik, Wärmelehre und Elektricität.
Die Parabel hat ausserdem noch Bedeutung für die
Mechanik als Wurflinie und für die Astronomie
als Kometenbahn.

§ 22. Weitere Brennpunktseigenschaften.

Vervollständigt man Fig. 17 dadurch, dass man
F mit B und B_1 verbindet und zu A A_1 die Axe zieht,
welche durch P geht, lässt dagegen A, F weg, so entsteht Fig. 18. A_1 P F ist als Centriwinkel doppelt

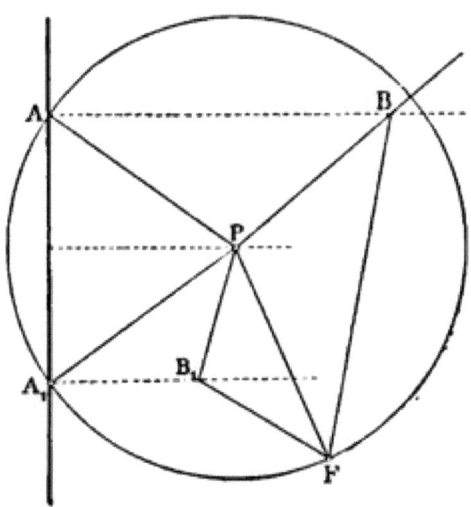

Fig. 18.

so gross als der Peripheriewinkel A_1 A F, welcher gleich
A B P ist, weil beide den Winkel B A F zu 90° er-
gänzen; somit ist ∢ A_1 P F = ∢ A B F d. h. die Dreiecke
A_1 P F und A B F, sowie ihre Hälften, sind ähnlich.
Die Fig. 18 ist wie Fig. 16 für die Parabel charak-
teristisch, sie ergiebt eine Reihe von Sätzen (u. Auf-
gaben), von denen einige schon im vorigen § als allgemein giltig erwiesen sind.

Als speziell für die Parabel gelten:

1) Der Brennstrahl nach dem Pol ist

mittlere Proportionale zwischen den Brennstrahlen nach den Berührungspunkten.

2) Die Quadrate der Tangenten verhalten
sich wie ihre Berührungsbrennstrahlen.

3) Die Tangenten bilden mit dem Brennstrahl und dem Durchmesser nach ihrem Pol
(Schnittpunkt) wechselweise gleiche Winkel.

4) Der Tangentenwinkel ist die Hälfte
des Winkels unter dem die Polare vom Brennpunkt aus erscheint.

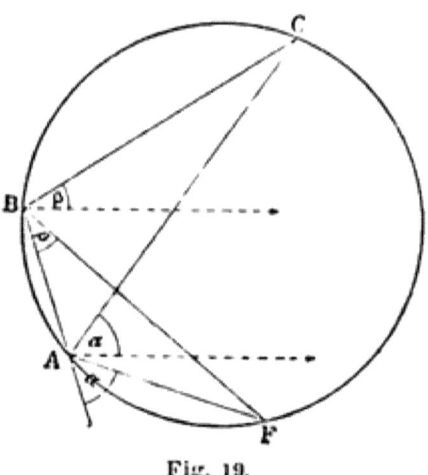

Fig. 19.

Da Winkel B₁ P F gleich PBF, so hängt er von
der Lage des Punktes P auf der Tangente PB nicht
ab, d. h.:

5) Zieht man vom Brennpunkt aus nach allen
Tangenten unter konstantem Winkel Strahlen, so bilden
die Scheitel diejenige Tangente, welche mit ihrem Be-
rührungsbrennstrahl diesen Winkel bildet.

Sei ABC jetzt ein von 3 Tangenten gebildetes

Dreieck (3 Parabeltangenten bilden stets ein Dreieck, da, weil M des vorigen § im Unendlichen, nie 2 Tangenten einander parallel sind) und zieht man durch A und B den Durchmesser, und verbindet A und B mit F, (Fig. 19), so folgt aus Satz 3 (Fig. 18) sofort, dass $\sphericalangle ACB$ und AFB gleich sind, weil beide gleich $\alpha - \beta$, also:

6) Das Stück jeder dritten Tangente zwischen zwei festen Tangenten erscheint von F aus unter dem festen Winkel.

oder:

7) Der Brennpunkt liegt auf dem jedem Tangentendreieck umgeschriebenen Kreis.

Durch 3 Tangenten wird also der Brennpunkt auf den Umkreis ihres Dreiecks gebannt, während die zugehörige Leitlinie sich um den Höhenschnittpunkt dreht, durch 4 Tangenten ist also die Parabel völlig bestimmt; 4 Parabeltangenten bilden stets ein vollständiges Vierseit mit 6 Ecken im Endlichen, die 4 Umkreise der 4 Dreiecke solcher Konfiguration schneiden sich stets in Einem Punkt. Also: An jedes vollständige Vierseit ohne parallele Seiten lässt sich Eine und nur Eine Parabel anschreiben.

Der Schnittpunkt zweier Umkreise zweier Dreiecke ist F, die Gegenpunkte von F in Bezug auf zwei Seiten bestimmen L.

§ 23. Sehnen- und Polar-Eigenschaften.

Die Gleichung der Sehne kann man entweder ebenso wie beim Kreis aus 1) des vorigen § ableiten, oder sie allgemein für alle Kegelschnitte ableiten und dann spezialisieren.

Bezeichnet man die Form (die linke Seite der auf 0 gebrachten Gleichung) der Tangentengleichung mit T_b^p wo p den laufenden Punkt und b den Berührungspunkt bedeute, und T sich nicht ändert, wenn man beide vertauscht, so ist die Gleichung der Sehne durch

A $\Big\{ (x_1\ y_1)$ und B $\Big\{ (x_2\ y_2) \colon T_1^p + T_2^p = T_2^1$, somit für die Parabelsehne

4) $y y_1 - p(x + x_1) + y y_2 - p(x + x_2) = y_1 y_2 - p(x_1 + x_2)$
oder $y y_1 - p x + y y_2 - p x = y_1 y_2$
oder $y(y_1 + y_2) - y_1(y_1 + y_2) = 2 p x - 2 p x_1$; $(y_1^2 = 2 p x_1)$

d. h. 4^a) $y - y_1 = \dfrac{2\,p}{y_1 + y_2}\,(x - x_1)$.

Der Richtungsfaktor jeder Sehne ist also $\dfrac{p}{\eta}$ wenn η die Ordinate ihres Mittelpunktes bedeutet. Ist ξ die Abscisse zu η, so ist, da $(\xi\ \eta)$ auch auf A B liegt

4^b) $y - \eta = -\dfrac{p}{\eta}\,(x - \xi)$.

Die Gleichung der Sehne ist in dieser Form mit der der Tangente völlig identisch und an Stelle des Berührungspunktes tritt der Mittelpunkt der Sehne; und sie gehen in einander über, wenn $(\xi\ \eta)$ ein Punkt der Kurve d. h. wenn A und B zusammenfallen.

Da $\dfrac{p}{\eta}$ der Richtungsfaktor der Sehne, so folgt hier direkt der Satz: Die Mitten der parallelen Sehnen liegen auf einer Parallelen zur X-Axe, d. h. auf einem Durchmesser.

Nennt man die Senkrechte auf der Sehne in der

Mitte M $\left\{ \begin{array}{l} \\ \end{array} \right.$ ($\xi \mid \eta$) die Sehnennormale, so ist deren Gleichung

5) $y - \eta = \dfrac{-\eta}{p} (x - \xi)$

woraus wenn $y = 0$ gesetzt wird, erhellt, dass ganz allgemein für alle Sehnennormalen der Satz gilt: **Die Subnormale ist konstant und gleich dem Parameter.**

Bezeichnet man den Winkel, welchen die Sehnenschaar mit ihrem Durchmesser bildet, mit β, so ist $\eta = p \cot \beta$ die Gleichung des Durchmessers. Der Punkt S, in welchem er die Kurve im Endlichen trifft, heisst sein **Scheitel**, dessen Abscisse ξ nach 1) gleich $\frac{1}{2} p \cot^2 \beta$. Die Tangente im Scheitel S hat ebenfalls wie 5) zeigt, den Richtungsfaktor $\frac{p}{\eta} = \mathrm{tg}\, \beta$, wie schon bekannt ist. Transformiert man die Gleichung 1 der Kurve auf den Durchmesser $\eta = p \cot \beta$ als X^1-Axe und die Tangente in S als Y^1-Axe, so ergeben unsere Gleichungen aus § 13, da $\alpha = 0$ und $\beta = \beta$ und $w = 90^\circ$, ist

$x = x^1 + y^1 \cos\beta + \frac{1}{2} p^2 \cot^2\beta$; $\quad y = y^1 \sin\beta + p \cot\beta$

somit $y^{1^2} \sin^2\beta + 2 p y^1 \cos\beta + p^2 \cot^2\beta = 2 p x = 2 p x^1$

$+ 2 p y^1 \cos\beta + p^2 \cot^2\beta$

also

6) $y^{1^2} = 2 p^1 x^1$

wo $p^1 = p \sin^2\beta$. In Worten:

Die Parabelgleichung behält in Bezug auf einen beliebigen Durchmesser als X-Axe und seine Scheiteltangente als Y-Axe ihre Form, ja selbst p^1, der Parameter der Sehnenschaar oder des Durchmessers, behält die Bedeutung; da es

gleich $(\frac{1}{2}p + \xi)2$, so ist es gleich dem doppelten Abstand des Scheitels S von der Leitlinie. Die Gleichungen 5 der Sehne und Tangente behalten also auch ihre Form, nur geht p in p¹ über und es bleiben also auch die Sätze die daraus folgen, z. B.

Jede Tangente schneidet jeden Durchmesser so weit hinter dem Scheitel, als die konjugierte Sehne durch den Berührungspunkt vorne.

Wir finden, heisst dies, durch Rechnung den Satz bestätigt:

Die Tangenten im Endpunkt einer Sehne schneiden den konjugierten Durchmesser so weit hinter S als die Sehne vorne, oder: Der Pol liegt auf seinem Durchmesser soweit hinter dem Scheitel als die Polare vorne.

Wenn also PQR ein Tripeldreieck (§ 19 S. 85) ist, so bestimmen die Mitten der drei Seiten die 3 den Polaren parallelen Tangenten.

§ 24. Quadrierung, Potenzsatz.

Auf dem eben bestätigten Satz beruht die Quadrierung der Parabel. Sei P ein Punkt ausserhalb der Kurve, AB seine Polare (Fig. 20), S der Scheitel seines Durchmessers. Die Tangente in S halbiert als Parallele zu AB Strecke PA in P_1 und PB in P_2, also ist: Dreieck ASB = 2 Dreieck A_1 P B_1 (sie haben gleiche Höhen und AB ist = $2 A_1 B_1$).

Man kann nun ebenso durch P_1 und P_2 die Durchmesser $P_1 S_1$ und $P_2 S_2$ ziehen, dann wieder in S_1 und S_2 die Tangenten, welche wieder $P_1 A$ und $P_1 S$ bezw.

P_2 B und P_2 S halbieren, und so fort in infinitum; stets ist das Sehnendreieck das Doppelte des Tangentendreiecks. Die Sehnendreiecke füllen dann schliesslich das Parabelsegment ASB aus, und die Tangentendreiecke die Fläche zwischen der Kurve und den Tangenten in A und B. Da alle Glieder der einen

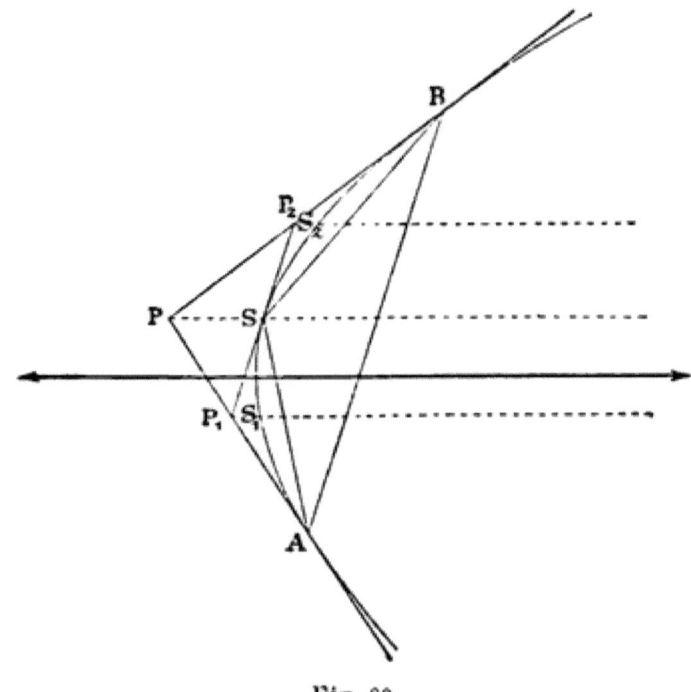

Fig. 20.

Summe doppelt so gross als die einzelnen Glieder der anderen sind, so ist auch die ganze erste Summe doppelt so gross als die zweite. Also:

Die Parabel teilt das Dreieck des Pols und der Polare im Verhältnis von 1:2 oder

Das Parabelsegment ASB ist $^2_3$ des Dreiecks APB.

Man kann auch sagen (da SMB ebenso $\frac{2}{3}$ von PMB ist):

Die Parabel teilt das Parallelogramm aus den Koordinaten eines ihrer Punkte, (bezogen auf irgend einen Durchmesser und seine Scheiteltangente als Axen) von innen nach aussen im Verhältnis 2 zu 1.

Potenzsatz.

Sei (Fig. 21) A B eine Sehne, P ein beliebiger Punkt auf ihr, M die Mitte, S M der konjugierte Durch-

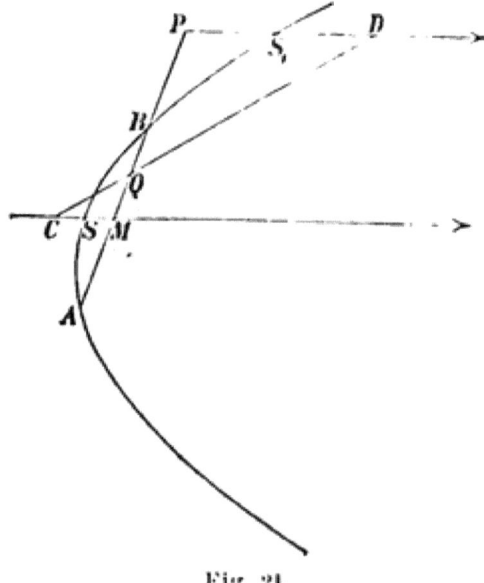

Fig. 21.

messer. Die Polare von P schneidet A B in Q, so dass also A und B durch P und Q harmonisch getrennt sind, sie schneidet den Durchmesser durch P in D, so dass

DS_1 und S_1 P gleich sind und trifft MS im Pol C von A B, so dass C S und S M gleich sind. Alsdann ist, wenn $BM - y^1$ nach 6) $y^{1^2} = 2 p^1 x^1$, wo p^1 nur von der Sehne A B abhängt; es ist aber $y^{1^2} = MP . MQ = 2 p^1 x^1$ und wegen der Aehnlichkeit $2x : QP = MQ : PD$, also $MP . PQ = p^1 PD = 2 p^1 p^{11}$ wenn p^{11} den Abstand des Punktes P vom Scheitel seiner Durchmesser bedeutet; $MP . PQ$ ist aber $BP . PA$ und somit:

Das Rechteck aus den Abschnitten der Sehne im Punkte P ist gleich dem Produkt aus dem Parameter der Sehnenschar und dem doppelten Scheitelabstand des Punktes P.

Die Rechtecke aus den Abschnitten zweier sich in P schneidenden Sehnen verhalten sich wie die Parameter.

Das Verhältnis der Rechtecke bleibt ungeändert, wenn beide Sehnen parallel verschoben werden.

VIII. Abschnitt.

Ellipse.

§ 25. Die Kurve.

Die Ellipse ist der Kegelschnitt, dessen numerische Excentricität e kleiner als 1 ist. Sie besitzt ein Centrum M, eine Hauptaxe die durch F geht und eine kleine Axe, welche senkrecht auf jener, der Leitlinie L parallel ist. Wählt man die Hauptaxe zur X-, die kleine Axe

zur Y-Axe, so ist in 1) des Abschnitts VI zu setzen:
$v_0 = 0$, $b = 0$; $e = 0$, ferner ist in den Gleichungen
8: $a + \vartheta u_0 = 0$, somit $u_0 = \dfrac{e^2}{a}$, dann geht 1) über in:

1) $x^2 (1-e^2) + y^2 = a^2 e^{-2} (1-e^2)$ oder

1¹) $\dfrac{x^2 e^2}{a^2} + \dfrac{y^2 e^2}{a^2 (1-e^2)} = 1$

Ersetzt man $\left| \dfrac{a}{e} \right|$ (d. h. den absoluten Betrag

von $a : e$) durch A und $\left| \dfrac{a\sqrt{1-e^2}}{e} \right|$ durch B, so geht
1¹ über in

1ª) $\dfrac{x^2}{A^2} + \dfrac{y^2}{B^2} = 1$

Dies ist die Gleichung der Ellipse für das Hauptaxensystem. Da wenn $y = 0$, $x = + A$, und wenn $x = 0$
$y = \pm B$, so sind 2 A und 2 B die Längen der Haupt-
oder grossen Axe und der kleinen Axe.

In 1ª) kommen nur die Quadrate von x und y vor,
daraus folgt, dass die Kurve sowohl in Bezug auf die
X- als auch Y-Axe symmetrisch ist; die Hauptaxen
teilen die Kurve in 4 kongruente Teil-Quadranten.
Die Symmetrie in Bezug auf die Y-Axe erfordert, dass
die Kurve symmetrisch zu F und L noch einen zweiten
Brennpunkt F, und eine zweite Leitlinie L, besitzt.
(Fig. 22). Man sieht sofort, dass ausserhalb des
Parallelogramms $(+ A | + B)$; $(-A | + B)$; $(-A ' -) B$;
$(+ A' - B)$ kein Punkt der Kurve liegen kann. Die Punkte
S und S¹ resp. σ und σ^1 heissen die Scheitel der Kurve.
Die Länge von FM, welche $|a|$ ist und daher A e ist,

heisst die lineare Excentricität, während $\left| \dfrac{1}{u_0} \right|$

der Abstand der Leitlinien von M, gleich A e⁻¹ ist. Die
Ellipse ist eine geschlossene ganz im Endlichen ver-
laufende Kurve, deren nahe Verwandtschaft mit dem
Kreis schon aus 1ª) hervorgeht, sie wird zum Kreis,
wenn $A = B$ d. h. aber $e = 0$; dann fallen beide Brennpunkte auf M und beide Leitlinien ins Unendliche.
Umgekehrt sieht man, dass die Ellipse aus dem Kreis
um M mit dem Durchmesser 2 A, dem Hauptkreis,

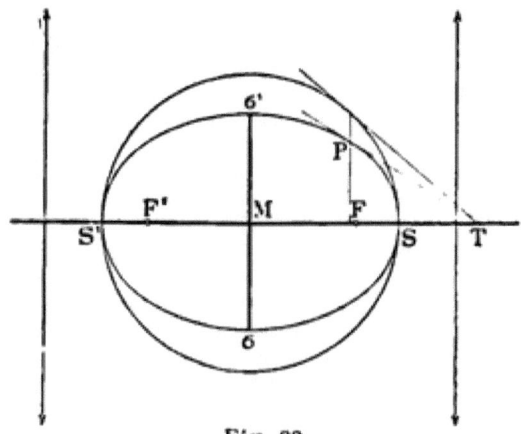

Fig. 22.

durch Druck gegen die X-Axe (bezw. aus dem Kreis um M
mit Durchmesser 2 B durch Zug) hervorgeht, bei dem
alle Abscissen ungeändert bleiben, die Ordinaten alle
im Verhältnis A'B zusammengedrückt (bezw. wie B : A
ausgedehnt) werden. Diese Bemerkung ist zuerst
von Stevin (1585) benutzt worden, um die Geometrie
der Ellipse aus der des Hauptkreises abzuleiten. Da
alle Rechtecke, deren Grundlinien auf der X-Axe liegen,
und deren Ecken entsprechende Punkte sind, d. h.
deren Ordinaten sich wie A/B verhalten, auch sich
wie A/B verhalten, so sieht man, dass jedes Ellipsen-

flächenstück sich zu dem entsprechenden Kreisflächen-
stück wie B : A verhält insbesondere ist der Inhalt der Ellipse A B π.

Man konstruiert unabhängig vom Hauptkreis beliebige Kurvenpunkte, wenn man F A der Fig. 12
innerhalb und ausserhalb im Verhältnis e teilt und über
die Teilpunkte als Durchmesser den (Apollonischen) Kreis
schlägt, der die Senkrechte auf L in A in den Kurvenpunkten B und B_1 schneidet.

Die Gleichung der Ellipse in Linienkoordinaten
wird (nach Abschnitt VI)

$$2) \quad A^2 u^2 + B^2 v^2 - 1 = 0,$$

und man sieht, dass mit ganz unwesentlicher Aenderung
die Rechnung sich wie beim Kreis gestaltet. Die
Koordinaten der Tangenten von P $\left\{ (x_1 \mid y_1) \right.$ sind wieder

$$u_{12} = \frac{B^2 x_1 + p A B y_1}{A^2 y_1{}^2 + B^2 x_1{}^2}; \quad v_{12} = \frac{A^2 y_1 \mp p A B x_1}{A^2 y_1{}^2 + B^2 x_1{}^2}$$

also die Gleichungen der Tangenten

$$3) \frac{x x_1{}^2}{A^2} + \frac{y y_1{}^1}{B^2} - 1 \pm \frac{p}{A B} (x y_1 - y x_1) = p^2$$

wenn wieder p^2 das Resultat der Substitution von x_p
y_p in die Form der Ellipsengleichung bezeichnet, und
Potenz heisst. Ist $p^2 = 0$, d. h. P auf der Kurve,
so giebt es nur Eine Tangente, deren Gleichung daher

$$3^a) \quad \frac{x x^1}{A^2} + \frac{y y^1}{B^2} - 1 = 0$$

ist. Wenn $p^2 > 0$ d. h. P ausserhalb der Ellipse, giebt
es zwei reelle Tangenten, und wenn $p^2 < 0$, d. h. P
innerhalb der Kurve, so sind die Tangenten imaginär.
Die Gleichung der Polaren ist der Form nach mit der
der Tangenten identisch, nur dass x^1 und y^1 die Ko-

ordinaten des Poles sind. Da wenn $y = 0$, $x_0 x' = A^2$
so ergiebt 34) eine einfache Konstruktion der Tangente
in P, mittelst des Pythagoras; man schlägt um M mit
A den Kreis (dessen gedrücktes Abbild die Ellipse ist)
verlängert die Ordinate bis sie den Hauptkreis im
entsprechenden Punkte trifft, legt an diesen die Kreis-
tangente, schneidet die Grosse Axe in der Entfernung
x_0 von M_1 im Punkte T, so ist T P die Tangente. (Fig. 22.)

§ 26. Konjugierte Durchmesser.

Wir fanden S. 51 zwischen den Richtungsfaktoren
konjugierter Durchmesser die Beziehung

$$\frac{u'}{v'} = \frac{\lambda u_0 - v \gamma}{\lambda v_0 + u_0 \gamma} \; ; \text{ wo } \gamma = \frac{u_0^2 + v_0^2}{e^2}$$

da hier $v_0 = 0$, $u_0 = \frac{e}{a}$ so ist $\gamma = a^{-2}$, wenn der

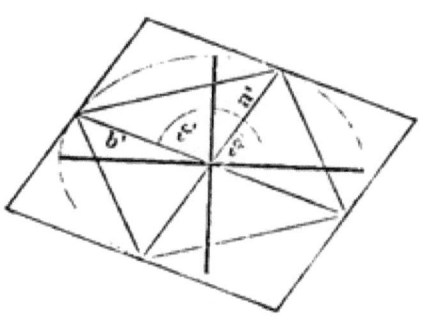

Fig. 23.

Einfachheit halber die Hauptaxen fortab mit 2 a und
2 b bezeichnet werden; da $\lambda = u_0 v$, so ist $\frac{u'}{v'} \cdot \frac{u}{v} =$
$e^2 - 1$, also wenn man (Fig. 23) die Winkel, welche
die Durchmesser mit $+ X$ bilden, ϑ und ϑ' nennt.

4) $\tang \vartheta \ \tang \vartheta^1 = \dfrac{-b^2}{a^2}$

Aus dieser einfachen Beziehung entspringen eine Reihe von Folgerungen.

1) Der Quotient ändert sich nicht, wenn beide Axen den Faktor δ erhalten. Fasst man also M als Aehnlichkeitscentrum und bildet die Ebene, in der die Ellipse liegt, von M aus im Grundverhältnis δ ähnlich ab, so entspricht der Ellipse um M mit den Halb-Axen a und b, die Ellipse mit den Halb-Axen δ a und δ b; konjugierte Durchmesser der von M aus ähnlichen und ähnlich liegenden Ellipsen sind als gerade Linien identisch, und folglich sind die beiden Abschnitte jeder Secante zwischen solchen Ellipsen einander gleich.

2) Wenn $\tg \vartheta = \dfrac{+b}{a}$, so ist $\tg \vartheta^1 = \dfrac{-b}{a}$ d. h. diese beiden Durchmesser liegen symmetrisch zur kleinen Axe und zur grossen, und sind die Diagonalen des in den Endpunkten der Axen d. h. also in den Scheiteln der Ellipse umgeschriebenen Parallelogrammes. Sie haben der Symmetrie wegen gleiche Länge, was auch rechnerisch sofort erhellt, denn nennt man die Länge des Durchmessers mit dem Winkel ϑ „$2\,a^{1}$" (zu ϑ^1 „$2\,b^{1}$") so sind für einen der Endpunkte $x = a^1 \cos \vartheta$; $y = a^1 \sin \vartheta$, somit

5) $\dfrac{\cos^2 \vartheta}{a^2} + \dfrac{\sin^2 \vartheta}{b^2} = \dfrac{1}{a^{1^2}}$

Da 5 nur die Quadrate des Cosinus und Sinus enthält, so bleibt die linke Seite für den Supplementwinkel ungeändert, und es haben ganz allgemein 2

Durchmesser, welche symmetrisch zur kleinen (und damit auch zur grossen) Axe liegen, gleiche Länge. Man kann 5) auch, weil $b^2 = a^2 - a^2 e^2$ ist, die Form geben:

5ª) $1 - e^2 \cos^2 \vartheta = b^2 a^{1^{-2}}$. Dies ist die Gleichung der Ellipse in Polarkoordinaten für M als Pol, und die grosse Axe als Polar-Axe; aus ihr folgt sofort, dass die grosse Axe der grösste, die kleine Axe der kleinste Durchmesser; dass die Durchmesser der Schaar ϑ von 0 bis 90 fortwährend fallen, der Schaar ϑ^1 von 90 bis 180 fortwährend wachsen, bei $\vartheta + \vartheta^1 = 180$ Gleichheit stattfindet.

Ist $b = a$, so sind alle Durchmesser gleich, die konjugierten stehen aufeinander senkrecht.

3) Der Gleichung 4 lässt sich, da $b^2 = a^2 (1 - e^2)$ ist, die einfache Form geben (wenn $\vartheta^1 - \vartheta = w$ gesetzt wird)

4ª) $\cos w = e^2 \cos \vartheta \cos \vartheta'$

auch lässt sich 4) ohne weiteres schreiben als

4ᵇ) $b^2 \sin \vartheta \sin \vartheta^1 + a^2 \cos \vartheta \cos \vartheta^1 = 0$.

4) Kombiniert man 5ª) (nach $e^2 \cos^2 \vartheta$ bezw. $e^2 \cos^2 \vartheta^1$ aufgelöst) mit 4ª) so ergiebt sich fast unmittelbar

6¹) $a^{1^2} b^{1^2} \sin^2 w = b^2 (a^{1^2} + b^{1^2} - b^2)$

Es ist aber $a^{1^2} = \dfrac{a^2 b^2}{n(\vartheta)}$; $b^{1^2} = \dfrac{a^2 b^2}{n(\vartheta^1)}$, wo $n(\vartheta) = b^2 \cos^2 \vartheta + a^2 \sin^2 \vartheta$ zu Folge 4); $n(\vartheta) n(\vartheta^1)$ ist (Subtraction der aufs Quadrat erhobenen Relation 4ᵇ)) $= a^2 b^2 \sin^2 w$, somit erhalten wir

6) $a^{1^2} b^{1^2} \sin^2 w = a^2 b^2$

Der Vergleich von 6) mit 6¹) ergiebt sofort

7) $a^{1^2} + b^{1^2} = a^2 + b^2$

und somit 7ª) $n(\vartheta) + n(\vartheta^1) = (a^2 + b^2) \sin^2 w$; 6) und 7) lauten in Worten:

Alle der Ellipse in den Endpunkten konjugierter Durchmesser um- und eingeschriebene Parallelogramme haben gleichen Inhalt (nämlich 4 a b und 2 a b).

Die Summe der Quadrate konjugierter Durch- (Halb)-messer ist konstant.

Die Länge konjugierter Durchmesser ist durch den Winkel zwischen ihnen bestimmt.

Die Beziehung der Ellipse zum Kreis giebt unmittelbar den Satz, dass die Gleichung ihre Form nicht ändert, wenn man ein beliebiges Paar konjugierter Durchmesser zu Axen wählt.

Sei Durchmesser ϑ die X-Axe, ϑ^1 die Y-Axe, die positiven Richtungen werden durch die positive Drehung der alten Axen gegeben. · Dann ist der Abstand eines Punktes z. B. von der linken Leitlinie L unmittelbar gegeben, da sich die Gleichung von L in der Hesse'schen Normalform sofort hinschreiben lässt, es ist $\delta = |u_o|$; $\cos \alpha = - \cos \vartheta$, $\cos \beta = - \cos \vartheta^1$, somit $- L \{ -x \cos \vartheta -y \cos \vartheta^1 - a\, e^{-1})$ also geht 1) S. 69 über in

8) $(e\, x \cos \vartheta + e\, y \cos \vartheta^1 + a)^2 = [(x \sin w + a\, e \sin \vartheta^1)^2 + (y \sin w - a\, e \sin \vartheta)^2 + 2 (x \sin w + a\, e \sin \vartheta^1) (y \sin w - a\, e \sin \vartheta) \cos w] \sin^{-2} w$ oder

$\sin^2 w\, [x^2 (1 - e^2 \cos^2 \vartheta) + y^2 (1 - e^2 \cos^2 \vartheta^1) + 2xy (\cos w - e^2 \cos \vartheta \cos \vartheta^1)] + 2\, a\, e \sin w\, [x (\sin \vartheta^1 - (\sin \vartheta \cos w + \cos \vartheta \sin w) + y (-\sin \vartheta + \sin \vartheta^1 \cos w - \cos \vartheta^1 \sin w)] + c.$

Der Faktor von xy ist 0 in Folge von 4ª), die

Faktoren von x und y desgl., weil $\sin \vartheta^1 = \sin(\vartheta + w)$ und $\sin \vartheta = \sin(\vartheta^1 - w)$ ist.

$c = a^2 e^2 \sin^2 \vartheta^1 + a^2 e^2 \sin^2 \vartheta - 2 a^2 e^2 \sin \vartheta \sin \vartheta^1 \cos w - a^2 \sin^2 w$; weil $a^2 e^2 = a^2 - b^2$, so ist

$$a^2 e^2 \sin^2 \vartheta^1 = a^2 \sin^2 \vartheta^1 + b^2 \cos^2 \vartheta^1 - b^2$$
$$a^2 e^2 \sin^2 \vartheta = a^2 \sin^2 \vartheta + b^2 \cos^2 \vartheta - b^2$$

ihre Summe nach 7ª) $= (a^2 + b^2) \sin^2 w - 2 b^2$, somit

$$c = b^2 \sin^2 w - 2 b^2 - 2 a^2 e^2 \sin \vartheta \sin \vartheta^1 \cos w$$

Es ist aber nach 4) und 4ª)

$$a^2 e^2 \sin \vartheta \sin \vartheta^1 = -b^2 e^2 \cos \vartheta \cos \vartheta^1 = -b^2 \cos w$$
$$c = b^2 \sin^2 w - 2 b^2 + 2 b^2 \cos^2 w = -b^2 \sin^2 w$$

Nach Division mit b^2 und Benutzung von 5ª) geht 8) über in

$$8^1) \quad \frac{x^2}{a^{1^2}} + \frac{y^2}{b^{1^2}} = 1$$

q. e. d.

§ 27. Brennpunktseigenschaften.

Unterscheidet man die Brennpunkte wie in Fig. 21 als F und F' und die Brennstrahlen von F und F'

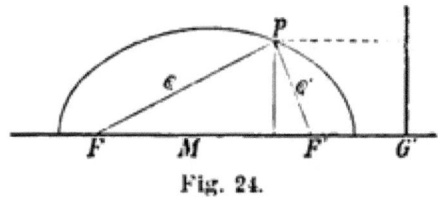

Fig. 24.

nach dem beliebigen Punkt P der Kurve als ϱ und ϱ^1, so ist nach der Fundamentaleigenschaft der Ellipse wenn $+ X$ wie üblich nach rechts gerichtet ist, (Fig. 24).

$\varrho^1 = e \, (M G^1 - x) = a - x e$ und ebenso $\varrho = a + x e$, somit

$$9) \quad \varrho + \varrho^1 = 2 a. \quad \text{In Worten:}$$

Die Summe der Brennstrahlen ist konstant und gleich der grossen Axe.

Bezeichnet man den Winkel PF^1S^1 mit φ, so ist $x - ae = \varrho^1 \cos \varphi$; $xe = e\varrho^1 \cos \varphi + ae^2$; somit $\varrho^1 (1 + e \cos \varphi) = a (1 - e^2)$. Es ist aber $a (1 - e^2) = eF^1G^1 = p$, wenn p die Ordinate durch den Brennpunkt (für das Hauptaxensystem) bedeutet. $2p$ heisse **Parameter**; also

$$9^a) \quad \varrho^1 = \frac{p}{1 + e \cos \varphi} = r.$$

Dies ist die Gleichung der Kurve in Polarkoordinaten für F^1 als Pol und F^1G^1 als Axe, sie gilt für **alle Kegelschnitte**, und ist historisch wichtig, weil Kepler aus ihr die Gestalt der Marsbahn erschlossen hat.

Setzt man in 9^a) für φ ein $\varphi^1 = 180 + \varphi$, so geht $\cos \varphi^1$ in $- \cos \varphi$ über, somit

$$9^b) \quad \frac{1}{r} + \frac{1}{r^1} = \frac{2}{p}, \text{ also:}$$

Das harmonische Mittel aller Sehnen durch einen Brennpunkt ist konstant.

Multipliziert man $\varrho^1 = a - xe$ mit $\varrho = a + xe$, so kommt $\varrho \varrho^1 = a^2 - x^2 e^2$; nach 5^a) ist aber $x^2 e^2 = a^{1^2} - b^2$, somit: $\varrho \varrho^1 = b^{1^2}$, d. h.:

Das Rechteck aus den beiden Brennstrahlen eines Kurvenpunktes ist gleich dem Quadrat des konjugierten Halbmessers.

Die Formel 9 wird meist ausgesprochen:

Die Ellipse ist der Ort aller Punkte, für welche die Summe der Abstände von zwei festen Punkten konstant ist.

Der Satz giebt die mechanische Erzeugung der Kurve; man schlingt um zwei feste Stifte lose einen Faden, und bewegt eine (einschneidende oder abfärbende) Spitze so am Faden entlang, dass der Faden stets gespannt bleibt. — Geometrisch gestattet der Satz die Konstruktion beliebig vieler Kurvenpunkte (es ist nur ein Dreieck zu konstruieren aus der Basis, einem Basiswinkel und der Summe der beiden andern Seiten). Man schlägt um F mit 2 a einen Kreis, verbindet einen beliebigen Punkt φ^1 des Kreises mit F^1 und F, zieht zu $F^1\varphi^1$ die Symmetrieaxe, welche $F\varphi^1$ im Kurvenpunkte P schneidet. Diese Axe ist die Tangente in P, denn da sie den Aussenwinkel des Dreiecks $F P F^1$ halbiert, so ist, wenn sie die Hauptaxe in T schneidet $F^1 T : F T = \varrho^1 : \varrho = (a - x e) : (a + x e)$, und somit:

$$\frac{1}{2} (F T + F^1 T) \ (\text{oder } x_0) = a^2 : x^1 \text{ oder } x_0 x^1 = a^2, \text{ d. h.}$$

aber nach § 25 T P ist die Tangente. Wir haben also die Sätze:

Die Gegenpunkte Eines Brennpunkts in Bezug auf alle Tangenten, liegen auf dem um den andern Brennpunkt mit der Hauptaxe geschlagenen Kreise.

Die Fusspunkte aller Lote von den Brennpunkten auf die Tangenten liegen auf dem Hauptkreis.

Diese Sätze geben auch eine einfache Konstruktion der Tangente von einem Punkt Q ausserhalb an die Kurve; man schlägt um Q mit $Q F^1$ einen Kreis, welcher den um F mit 2 a geschlagenen Kreis in φ^1 und φ^1_1 schneidet, so sind die Symmetrieaxen zu $F^1 \varphi^1$

bezw. $F'\varphi'$, die Tangenten. (Man kann auch den Hauptkreis benutzen).

Wir haben auch den Satz:

Die Normale in P halbiert den Winkel zwischen den zugehörigen Brennstrahlen.

Von dieser Eigenschaft haben die Brennpunkte ihren Namen, das leiseste in einem Brennpunkt geflüsterte Wort wird im andern vernommen.

IX. Abschnitt.

Die Hyperbel.

§ 28.

Für die Hyperbel war $e > 1$, die Konstruktion von Kurvenpunkten mittelst des Apollonischen Kreises bleibt bestehen, sowie die Gleichungen 1 und 1^1 der Ellipse. Da aber $\sqrt{1-e^2}$ imaginär, so setzen wir $\frac{\sqrt{e^2-1}}{e} = B$ und erhalten, wenn man für A und B sofort a und b schreibt

1) $\dfrac{x^2}{a^2} - \dfrac{y^2}{b^2} = 1$; 1^1) $a^2 u^2 - b^2 v^2 = -1$.

Man sieht, die Hyperbel unterscheidet sich von der Ellipse nur dadurch, dass b^2 durch $-b^2$ ersetzt ist, d. h. b durch b i und sie kann als Ellipse mit imaginärer Nebenaxe angesehen werden. Alle Sätze, die wir für die Ellipse errechnet haben, bleiben, abgesehen von der Verwandlung von b^2 in $-b^2$ bestehen, so z. B. ist $a'^2 - b'^2 = a^2 - b^2$ etc. Genau wie die Ellipse als Abbild des Kreises bei Zusammendrückung der Ebene

gegen die Hauptaxe im Verhältnis a : b betrachtet
werden kann, kann die Hyperbel als Abbild der gleichseitigen Hyperbel angesehen werden, d. h. derjenigen, für welche a = b ist; deren Geometrie ganz
so elementar wie die des Kreises abgeleitet werden

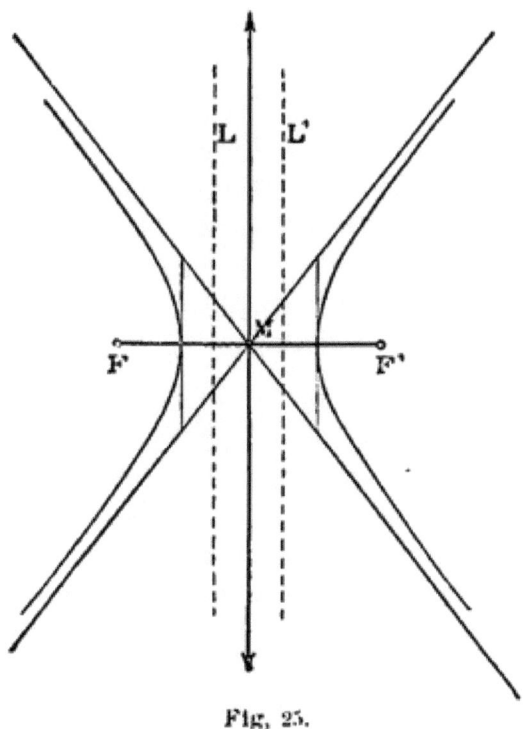

Fig, 25.

kann (cf. Milinowski: Element.-Synth. Geom. der gleichs.
Hyp.)

Entscheidend für die selbständige Behandlung der
Hyperbel ist die grosse gestaltliche Verschiedenheit und
besonders das Auftreten der Asymptoten. (S. 76).
Zuerst ist klar, dass die Kurve (cf. Fig. 25) ganz

ausserhalb (die Ellipse ganz innerhalb) des Parallelogramms $(+ a' + b)$; $(-a \,|+ b)$; $(-a \,|-b)$; $(+ a \,|-b)$; liegt; auch ganz ausserhalb des Streifens zwischen den Geraden $x - a = 0$ und $x + a = 0$. Die Kurve besteht aus zwei getrennten Zweigen oder Aesten, die sich symmetrisch zu beiden Axen ins Unendliche erstrecken. Die Symmetrie in Bezug auf die Y-Axe verlangt wieder einen zweiten Brennpunkt F^1 und eine zweite Leitlinie L^1. Die Nebenaxe schneidet die Kurve in zwei imaginären (nicht sichtbaren) Punkten, da wenn $x = 0$, $y = \pm b\,i$ ist $(i = \sqrt{-1})$, man kann daher eigentlich von keiner bestimmten Länge dieses Durchmessers reden, kommt aber überein, $2\,b$ als die Länge desselben festzusetzen. Die Asymptoten gehören zu den beiden Schaaren Gerader, welche mit L, also auch mit der Y-Axe Winkel w bilden, bestimmt durch $\sin{}^2 w = e^{-2}$, und daher die Kurve im Endlichen höchstens in Einem Punkt schneiden; die beiden Winkel w ergeben symmetrisch zur Y-Axe, also auch zur X-Axe, liegende Gerade; nennt man die Winkel, welche sie mit der X-Axe bilden, φ und ψ, so ist $\cos^2 \varphi$ bezw. $\cos^2 \psi = e^{-2}$, d. h. $\operatorname{tg}{}^2 \varphi = \operatorname{tg}{}^2 \psi = \dfrac{b^2}{a^2}$; wir setzen $\operatorname{tg}\varphi = + \dfrac{b}{a}$; $\operatorname{tg}\psi = - \dfrac{b}{a}$. Die Gleichungen der Asymptoten sind also von der Form $\dfrac{x}{a} + \dfrac{y}{b} + c$. Aus 1) ergiebt sich, da ja für die Asymptoten gar kein Schnittpunkt im Endlichen liegen darf, $c = 0$ (ebenso aus S. 76 $\dfrac{\sigma}{u^2 + v^2} = 0$), d. h. also $u^2 : v^2 = b^2 : a^2$ und u und $v = \infty$. Die Asymptoten sind also die beiden Geraden der Schaar, welche durch M gehen, und in welche die Diagonalen des Parallelogramms (+ a | + b) etc. hineinfallen (cf. Fig. 26). Die Asymptoten sind also anzusehen als **Tangenten in den beiden unendlich fernen Punkten der Hyperbel.** Man sieht aus 1') sofort, dass, wenn u und v sehr gross sind, 1 gegen die linke Seite verschwindet, so dass, wenn u und v über jedes

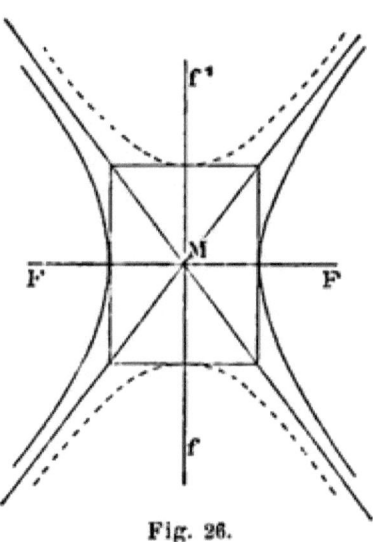

Fig. 26.

Mass gross, 1') übergeht in $a^2 u^2 - b^2 v^2 = 0$, d. h. also die Geraden $u = \infty$, $v = \infty$, aber $u^2 : v^2 = b^2 : a^2$, erfüllen die Taugentengleichung. Man kann auch direkt aus 1) sehen, dass wenn x (und y) sehr wachsen, 1 gegen x^2 und y^2 verschwindet, so dass, wenn x (und y) über jedes Mass wachsen, 1) übergeht in $\dfrac{x^2}{a^2} - \dfrac{y^2}{b^2} = 0$, d. h. aber $\left(\dfrac{x}{a} + \dfrac{y}{b}\right)\left(\dfrac{x}{a} - \dfrac{y}{b}\right) = 0$, d. h. also die

Hyperbel geht im Unendlichen über in das
System der beiden Geraden 2) $\frac{x}{a} + \frac{y}{b} = 0$;
$\frac{x}{a} - \frac{y}{b} = 0$, und das sind die Asymptoten. Wir
haben uns den Verlauf so zu denken, dass, wenn ein Punkt
vom Scheitel S¹ aus die Hyperbel durchläuft, so dass
er erst auf dem rechten oberen Zweig sich bewegt, er im Unendlichen auf die Asymptote der Richtung φ gelangt, von da aus in den linken unteren
Ast gelangt, zurück zum Scheitel S, auf den linken
oberen ins Unendliche, dort die Asymptote der Richtung ψ trifft, auf ihr in den rechten untern Ast
zurück nach S kommt: Die Hyperbelzweige hängen,
heisst dies, so zusammen, dass im Unendlichen der
rechte obere mit dem linken unteren zusammenhängt,
und im zweiten unendlich fernen Punkt der linke obere
Ast mit dem rechten unteren.

Man kann das Asymptotenpaar auch ansehen
als eine Hyperbel, welche der ursprünglichen ähn-
liches Abbild vom Centrum M im Grundverhältnis O
ist. Die Gleichung der ähnlichen Hyperbel für den
Massstab δ lässt sich schreiben $\frac{x^2}{a^2} - \frac{y^2}{b^2} = \delta^2$ und geht,
wenn $\delta = 0$, über in: $\frac{x^2}{a^2} - \frac{y^2}{b^2} = 0$ oder $\left(\frac{x}{a} + \frac{y}{b} \right) \left(\frac{x}{a} \right.$
$\left. - \frac{y}{b} \right) = 0$, diese Gleichung spaltet sich in $\frac{x}{a} + \frac{y}{b}$
$= 0$ und $\frac{x}{a} - \frac{y}{b} = 0$, und stellt daher die beiden

Asymptoten dar. Damit ist gleich bewiesen, dass jede
Sehnenschaar der Hyperbel auch zwischen
den Asymptoten von ihrem konjugierten
Durchmesser halbiert wird oder:

Die Abschnitte jeder Sekanten zwischen
Hyperbel und Asymptoten sind einander
gleich.

Da für ein Paar konjugierter Durchmesser die Beziehung gilt:

$$3) \ \operatorname{tg} \vartheta \operatorname{tg} \vartheta^1 = \frac{b^2}{a^2}$$

und sowohl $\operatorname{tg}^2\varphi$ als $\operatorname{tg}^2\psi$ gleich $\frac{b^2}{a^2}$ ist, so fällt in
jeder Asymptote ein Paar konjugierter Durch-
messer zusammen.

Die Axen halbieren die Winkel zwischen den
Asymptoten und es ist $\operatorname{tg}^2\varphi$ (bezw. $\operatorname{tg}^2\psi) = \operatorname{tg} \vartheta \operatorname{tg} \vartheta^1$;
also:

**Jedes Paar konjugierter Durchmesser wird durch
die Asymptoten harmonisch getrennt.**

Man kann dies auch ohne Trigonometrie sofort
nachweisen. Die Gleichungen der Asymptoten sind

$$0 = U_1 = y - x \frac{b}{a}; \ 0 = U_2 = y + x \frac{b}{a}$$

Die eines Paars konjugierter Durchmesser:

$$0 = U_3 = y - x \operatorname{tg} \vartheta; \ 0 = U_4 = y - x \operatorname{tg} \vartheta^1$$

Da sie alle 4 durch M gehen, so ist

$$U_3 = U_1 - \lambda U_2; \ U_4 = U_1 - \mu U_2$$

also $\operatorname{tg} \vartheta = \dfrac{b}{a} \left(\dfrac{1 + \lambda}{1 - \lambda} \right), \operatorname{tg} \vartheta^1 = \dfrac{b}{a} \left(\dfrac{1 + \mu}{1 - \mu} \right)$

und weil $\operatorname{tg} \vartheta \operatorname{tg} \vartheta^1 = \dfrac{b^2}{a^2}$ muss $\lambda = -\mu$ sein, d. h. aber die 4 Geraden bilden ein harmonisches Büschel (nach § 8). Damit ist aber bewiesen, dass alle Sehnen zwischen den Asymptoten von ihren Durchmessern halbiert werden, also auch

Alle Tangenten werden zwischen den Asymptoten im Berührungspunkt gehälftet.

Die Durchmesser der Hyperbel bilden also eine Involution, deren Hauptstrahlen die Asymptoten sind, auch die Durchmesser der Ellipse sind, wenn man je einen Durchmesser um die kleine Axe klappt, harmonisch zu den beiden gleichen Durchmessern auch eine solche Anordnung eines Strahlenbüschels heisst Involution, die erste hyperbolische, die zweite Elliptische.

Da $\operatorname{tg}\vartheta\ \operatorname{tg}\vartheta^1 = \dfrac{b^2}{a^2}$, so sind ϑ und ϑ^1 entweder beide spitze oder beide stumpfe Winkel, d. h. die positiven Zweige eines Paares konjugierter Durchmesser liegen stets auf derselben Seite von $+X$ bezw. $+Y$; Ist $|\operatorname{tg}\vartheta| < \left|\dfrac{b}{a}\right|$, so ist $|\operatorname{tg}\vartheta| > \left|\dfrac{b}{a}\right|$ und v. v.; wir wollen aber stets die Richtungswinkel für welche $|\operatorname{tg}\vartheta| < \left|\dfrac{b}{a}\right|$ mit ϑ und die andern mit ϑ^1 bezeichnen.

Die Bedingung, dass eine Gerade die Hyperbel schneide, ist (S. 75) $\sigma^2 - \varrho\tau > 0$, also hier $u^2 a^2 - v^2 b^2 < 1 < 0$, und für die Geraden durch M für die u und v über jedes Mass gross, geht sie über in $u^2 a^2 - v^2 b^2 < 0$, d. h. $\left|\dfrac{u}{v}\right| < \left|\dfrac{b}{a}\right|$ also:

Nur die Durchmesser der Schaar ϑ schneiden die Hyperbel.

Die Durchmesser der Schaar ϑ^1 schneiden nicht
in reellen Punkten, sie werden von der anderen Schaar
durch die Asymptoten getrennt, und es ist für ihre

Endpunkte $x^1 = b^1 \cos \vartheta^1$; $y = b^1 \sin \vartheta^1$, also: $\dfrac{\cos^2 \vartheta^1}{a^2}$

$- \dfrac{\sin^2 \vartheta^1}{b^2} = \dfrac{1}{b^{12}} = \dfrac{-1}{\beta^2}$, also $b^1 = \beta \, r$. Es haben

also nur die Durchmesser der Schaar ϑ bestimmte
Länge $2a^1$, wir setzen fest, dass die anderen die Länge
2β haben. Man sieht dass die Durchmesser der Schaar
ϑ die Asymptotenwinkel ausfüllen, welche von der
Hauptaxe halbiert werden, in denen die Hyperbel
liegt, während die Durchmesser der Schaar ϑ^1 die
Winkel, welche von der Nebenaxe halbiert werden,
ausfüllen. Wächst ϑ von 0 bis φ, so nimmt ϑ^1 ab von
90 bis φ; nimmt ϑ^1 zu von 90 (genauer $90 + 0$) bis ψ,
so nimmt ϑ ab von 180 bis ψ. Man sieht ferner:

Die Geraden, welche einen Durchmesser
der Schaar ϑ parallel sind, schneiden beide
Aeste der Hyperbel; die Geraden, welche einem
Durchmesser der Schaar ϑ^1 parallel sind,
schneiden oder berühren nur Einen Ast oder
scheiden gar nicht.

In der gleichseitigen Hyperbel, für welche $e^2 = 2$,
und $b = a$ ist, stehen die Asymptoten aufeinander
senkrecht, alle Durchmesser baben gleiche Länge, $\vartheta +$
ϑ^1 ist 90 oder 270 (im Kreis $\vartheta^1 - \vartheta = 90$).

Trägt man auf den Durchmessern der Schaar ϑ^1
nach beiden Seiten von M aus ihre Halblängen β ab,

so erhält man Punkte, für welche $x^2 = \beta^2 \cos^2 \vartheta^1$; $y^2 = \beta^2 \sin^2 \vartheta^1$, sie genügen also der Gleichung

$$\frac{x^2}{a^2} - \frac{y^2}{b^2} = -1 \text{ oder } \frac{y^2}{b^2} - \frac{x^2}{a^2} = 1.$$ Diese Punkte bilden also eine Hyperbel, für welche die alte Hauptaxe zur Nebenaxe, die Nebenaxe zur Hautaxe geworden sind, sie heisst die konjugierten Hyperbel, liegt ganz im Nebenwinkelraum $180-2\,\varphi$ die Figur 26 stellt sie punktiert dar, ihre konjugierten Durchmesser sind dieselben, wie die der Schaar ϑ^1, die Nebendurchmesser der gegebenen sind zu schneidenden, zu Hauptdurchmessern geworden, und umgekehrt; die Beziehung ist eine gegenseitige. Die Brennpunkte behalten ihren Abstand von M, da $a^2 e^2 = a^2 + b^2$ ist, sich also durch Vertauschung von a und b nicht ändert. Die Sätze über die ein- und umgeschriebenen Parallelogramme der Ellipse behalten ihre Giltigkeit, wenn man die Endpunkte der Nebendurchmesser durch die betreffenden Punkte der konjugierten Hyperbel ersetzt.

Die Brennpunktseigenschaften ändern sich gegen die der Ellipse nur insofern, als z. B. für den ersten Ast

$$\varrho^1 = x\,e - a; \quad \varrho = x\,e + a, \text{ also } \varrho^1 - \varrho = 2a, \text{ d. h.:}$$

Für die Hyperbel ist die Differenz der Brennstrahlen konstant.

Im übrigen bleiben die Sätze des § 27 bestehen, nur halbiert die Tangente den nach der Kurve gerichteten Winkel der Brennstrahlen.

§ 29. Quadratur.

Transformiert man die Hyperbel auf die Asymptoten als Axen, und so dass als $+ X^1$ der rechte untere Strahl der Asymptoten, und als $+ Y^1$ der rechte obere Strahl dient, so ist in den Formeln der § 13 α gleich $360 - \varphi$, β gleich φ zu setzen, somit:

$$x = (x^1 + y^1)\cos\varphi; \quad y = (y^1 - x^1)\sin\varphi, \quad \text{und} \quad \text{da} \quad \frac{\cos^2\varphi}{a^2}$$

$$= \frac{\sin^2\varphi}{b^2} = \frac{1}{a^2 : b^2}, \text{ so ergiebt sich aus 1}$$

$$4) \quad x^1 y^1 = \frac{a^2 + b^2}{4} = c^2$$

als Gleichung der Hyperbel, bezogen auf die Asymptoten als Axen; es ist die denkbar einfachste Gestalt einer quadratischen Form, und da $c^2 \sin 2\varphi$ so gut konstant ist wie c^2, so sagt sie aus:

Zieht man durch einen Punkt der Hyperbel die Parallelen zu den Asymptoten, so schliessen sie mit den Abschnitten auf den Asymptoten Parallelogramme von konstantem Inhalt ein.

Da der Berührungspunkt jeder Tangente zwischen den Asymptoten in der Mitte liegt, so kann man auch sagen:

Jede Tangente schneidet von dem Asymptotenwinkel ein Dreieck von konstantem Inhalt ab.

Da das Dreieck einer Scheiteltangente die Fläche $a\,b$ hat, so haben alle diese Fläche, und man sieht ohne Rechnung, dass $c^2 \sin 2\varphi = \frac{1}{2} a\,b$.

Man kann auch sagen:

Bewegt sich eine Gerade so, dass sie von
einem festen Winkel ein Dreieck von festem
Inhalt abschneidet, so umhüllt sie eine Hyperbel.

Da die ganzen Parallelogramme flächengleich sind,
so sind auch ihre Hälften gleich, d. h. also die Dreiecke MRC und MAP und MBQ (Fig. 27) sind
flächengleich.

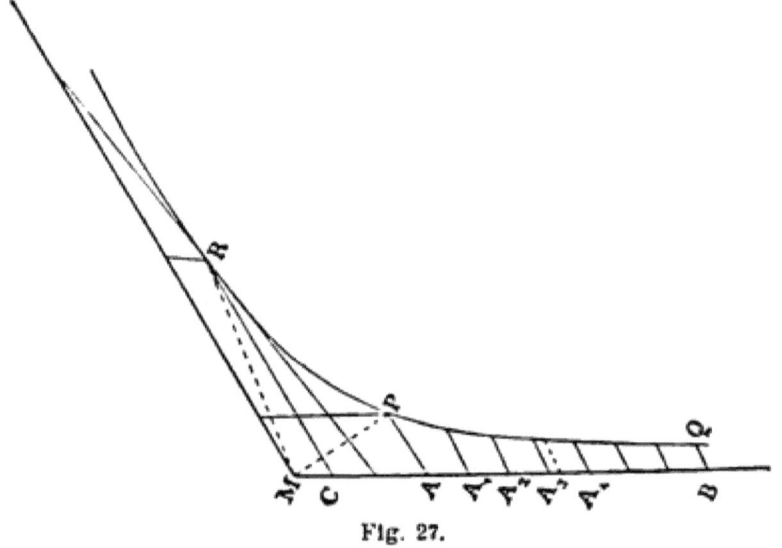

Fig. 27.

Damit folgt der Satz:

Der Hyperbelsektor MPR ist flächengleich dem Flächenstück zwischen seinem
Bogen, der einen Asymptote, und den Parallelen durch die Endpunkte des Bogens zur
andern CRPA.

Dies Flächenstück bezeichnen wir als Hyperbeltrapez T.

Quadratur des Hyperbeltrapezes und Sektors.
(Fig. 27.)

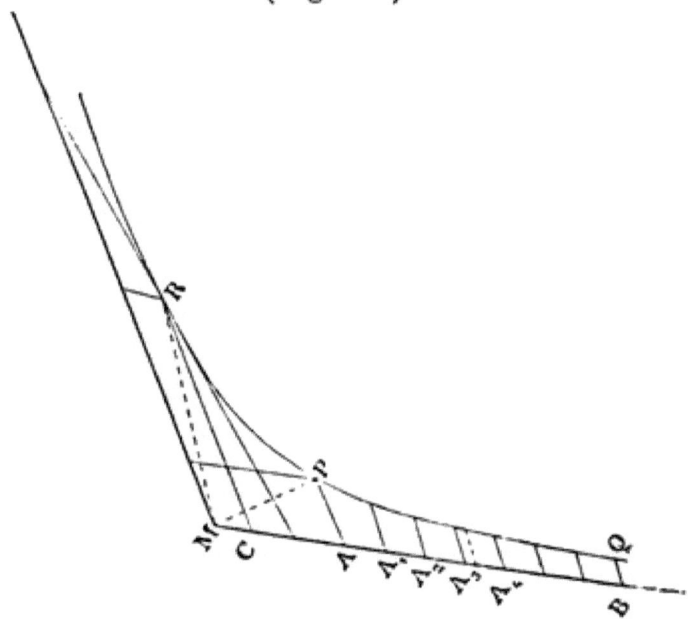

Es sei $MA = \alpha$, $MB = \beta$, $AB = \beta - \alpha = d$;

Man denke sich AB in n gleiche Teile geteilt, die Teilpunkte seien A_1, A_2 etc., die Abscissen MA_1; MA_2 etc. seien x_1, x_2 etc., die zugehörigen Ordinaten y_1, y_2 etc., und die Kurvenpunkte P_1, P_2 etc. Da die Abscissen x von A nach B beständig wachsen, und $xy = c^2$, so müssen die Ordinaten beständig fallen. Der Inhalt jedes Hyperbeltrapez, z. B. des k ten, liegt zwischen den Parallelogrammen aus Strecke $A_{k-1} A_k$ und y_{k-1} bezw. $A_{k-1} A_k$ und y_k. Sei T_k das Trapez, so haben wir

$$y_{k-1} \frac{d}{n} \sin 2\varphi > T_k > y_k \frac{d}{n} \sin 2\varphi;$$

somit muss es im Innern von T_k einen Punkt Q_k
$\{$ ($\xi_k \mid \eta_k$) geben, so dass $\eta_k \dfrac{d}{n} \sin 2\varphi = T_k$ ist.

Wird die Anzahl n ins Grenzenlose vermehrt, so fallen A_{k-1} und A_k, y_{k-1} und y_k mehr und mehr zusammen, schliesslich ist es erlaubt, jeden Zwischenwert zwischen y_k und y_{k-1} als η_k zu branchen. Es ist aber sowohl $y_k = c^2 x_k{}^{-1}$ als $\eta_k = c^2 \xi_k{}^{-1}$ und somit ist

$$T = \sum_1^n T_k = \sum_1^n \frac{c^2}{\xi_k} \frac{d}{n} \sin 2\varphi = c^2 \sin 2\varphi \sum_1^n \frac{d}{n\,\xi_k}.$$

Wir behaupten nun, dass, wenn wir $\dfrac{d}{n\,\xi_k} = \log \dfrac{x_k}{x_{k-1}}$ setzen, ξ_k stets zwischen x_{k-1} und x_k, und somit auch η_k zwischen y_k und y_{k-1} fällt. Es ist $x_k : x_{k-1}$
$= 1 + \dfrac{d}{n\,\alpha + (k-1)\,d} = 1 + z$, also $\log \dfrac{x_k}{x_{k-1}} = \log(1+z)$
$= z - \dfrac{z^2}{2} + \dfrac{z^3}{3} \ldots$ also $\log(1+z)$ kleiner als z, also

ξ_k grösser $\dfrac{d}{n\,z}$; $\xi_k > \alpha + (k-1) \dfrac{d}{n}$; $\xi_k > x_{k-1}$.

Andrerseits ist $\log(1+z)$ grösser als $z - \dfrac{z^2}{2}$, also erst recht grösser $\dfrac{d}{n\,\alpha + k\,d}$ oder z', wenn $n\,\alpha + k > 2$, d. h. α merklich von 0 verschieden, also ξ_k kleiner $\dfrac{d}{n\,z'}$, ξ_k z $\alpha + k \dfrac{d}{n}$; ξ_k kleiner x_k.

Damit ist bewiesen: setzt man $\dfrac{d}{n\,\xi_k} = \log \dfrac{x_k}{x_{k-1}}$ und ist n hinlänglich gross und α von 0 merklich verschieden, so liegt η_k zwischen y_k und y_{k-1}. Lässt man nun n unendlich werden, so ist

$$\sum_1^n T_k = c^2 \sin 2\varphi \left(\log \frac{x_1}{a} + \log \frac{x_2}{x_1} + \log \frac{x_3}{x_2} + \ldots \right.$$

$$\left. \log \frac{\beta}{x_{n-1}} \right) = c^2 \sin 2\varphi \log \frac{\beta}{a} = T.$$

Wir haben das wichtige Resultat:

Das Hyperbeltrapez ist gleich dem halben Rechteck aus den halben Hauptaxen multipliziert mit der Differenz der Logarithmen der Abscissen oder Ordinaten der Endpunkte.

Der Hyperbelsector ist gleich dem halben Rechteck aus den halben Hauptaxen multipliziert mit der Differenz der Logarithmen der Projectionen der Radien auf die eine Asymptote in der Richtung der anderen.

§ 30. Die Sätze von Pascal und Brianchon.

Setzt man in die Ortsgleichung 1 der Kegelschnitte die Koordinaten eines beliebigen, also im Allgemeinen ortsfremden Punktes P $\left\{ \right.$ (x y) ein, so heisst der Wert

von $PF^2 - e^2 PA^2 = (x-a)^2 + (y-b)^2 - \dfrac{e^2}{u_0{}^2 + v_0{}^2}$

$(u_0 x + v_0 y - 1)^2$

die Potenz des Punktes P in Bezug auf die Kurve 1, und werde mit K (P), auch blos mit K bezeichnet.

Legt man durch P irgend eine Sehne, welche die Kurve (reell oder imaginär) in den Punkten C

$(x_1 \,|\, y_1)$ und D $(x_2 | y_2)$ schneidet, und macht P zum Nullpunkt und PC zu $+$ X, so ist $PC.PD = x_1 x_2 = \tau : \varrho$ (§ 19 Seite 83).

Da $v = \infty$, so ist $\tau : \varrho = (1 - \gamma(a^2 + b^2)) : (u_0^2 - \gamma)$ $= \dfrac{(a^2 + b^2 - \gamma^{-1})}{1 - u_0^2 \gamma^{-1}}$. Erinnert man sich, dass $u_0^2 + v_0^2 = \delta_0^2 = PA^2$ ist, sowie dass $a^2 + b^2 = PF^2$, so ist

$$1) \quad x_1 x_2 = \frac{PF^2 - e^2 PA^2}{1 - u_0^2 e^2 \delta^2} = \frac{K(P)}{1 - e^2 \sin^2 w}$$

wo w den Winkel bezeichnet, den die Leitlinie L mit PC bildet. Wir haben den Potenzsatz:

Das Rechteck aus den Abschnitten aller durch denselben Punkt P gehenden Sehnen ist gleich der Potenz des Punktes P, multipliziert mit einem Faktor, der nur von der Sehne als gerader Linie abhängt.

Ist $|PF| > e \,|PA|$, so sagt man, P liegt ausserhalb der Kurve, dann ist $K(P)$ positiv, C und D liegen, wenn reell, an derselben Seite von P, ist $K(P)$ negativ, so liegt P zwischen C und D; $x_1 x_2$ ist negativ. Für den Kreis wird $x_1 x_2 = PF^2 - r^2 = MP^2 - r^2$, ist also, wie bekannt, für alle durch P gehende Sehnen konstant. Für die Parabel ist $e = 1$, somit

$$1) \quad PC.PD = \frac{K}{\cos^2 w} = \frac{K}{\sin^2 \beta}.$$

Es war aber (§ 23 S. 103) $\sin^2 \beta = \dfrac{p}{p'}$, also $PC.PD = \dfrac{p' K}{p}$. Es ist aber leicht zu zeigen, dass, wenn S der Scheitel des durch P gehenden Durchmessers, also $SA = SF$ ist: PF^2

$-PA^2 = K(P) = 2\,p\,p^{11}$, wo $p^{11} = PS$ (also positiv, wenn P ausserhalb), also

$$PC.PD = 2\,p^1 p^{11},$$

wie schon im Abschnitt VII § 24 bewiesen; wir haben dazu den Satz:

Die Potenz eines Punktes in Bezug auf eine Parabel ist gleich dem doppelten Produkt aus dem Parameter der Kurve und dem Abstand des Punktes vom Scheitel seines Durchmessers.

Bezeichnet ϑ wieder den Winkel des der Sehne parallelen Durchmessers mit der Hauptaxe der Ellipse oder Hyperbel, so ist $\sin^2 w = \cos^2 \vartheta$, und somit für die Centralkegelschnitte:

$$x_1 x_2 = \frac{K(P)}{1 - e^2 \cos^2 \vartheta}$$

Es ist aber $1 - e^2 \cos^2 \vartheta$ bezw. $e^2 \cos^2 \vartheta - 1$ nach 5) § 26 gleich $b^2 a^{1-2}$, wo a^1 den Halbmesser bezeichnet, welcher der Sehne CD parallel ist; also für die Ellipse:

$$x_1 x_2 = \frac{K(P)\, a^{12}}{b^2}$$

Zieht man durch P den Durchmesser, der die Kurve in C^1 und D^1 schneidet und bezeichnet PC^1 mit ξ_1 und PD^1 mit ξ_2, so ist

$$\xi_1 \xi_2 = \frac{K(P)\, CM^2}{b^2}$$

$|CM| = |DM|$ werde mit p bezeichnet, so ist $\xi_1 \xi_2 = PM^2 - p^2 = d^2 - p^2$, und somit

2) $x_1 . x_2 = \dfrac{(d^2 - p^2)}{p^2}\, a^{12}$

Diese Formel gilt auch für die Hyperbel; also:

Das Produkt aus den Abschnitten einer durch den Punkt P gehende Sehne eines Centralkegelschnitts ist gleich dem Product aus den Abschnitten des zu P gehörigen Durchmessers multipliziert mit dem Verhältnis der Quadrate des der Sehne parallelen und des zu P gehörigen Durchmessers.

Die Rechtecke aus den Abschnitten aller durch P gehenden Sehnen verhalten sich wie die Quadrate der den Sehnen parallelen Durchmesser.

Das Verhältnis dieser Rechtecke bleibt ungeändert, wenn die Sehnen parallel verschoben werden.

Diese Sätze gelten auch für die von P gezogenen Tangenten (ohne Rücksicht, ob P aussen oder innen liegt).

Das Wesentliche ist, dass das Rechteck aus den Abschnitten aller durch P gehenden Sehnen s die Form hat $\varphi(P) f(s)$ wo die Funktion φ allein vom Punkt P, die Funktion f allein von der Sehne als Geraden abhängt.

* * *

Seien (Fig. 28) A_1; A_2; A_3; A_4; A_5; A_6 irgend 6 Punkte eines Kegelschnittes, es werde für dieselben eine bestimmte Reihenfolge z. B. die angegebene festgesetzt und die Punkte in dieser Reihenfolge zu einem Sehnensechseck verbunden. Es werden Punkte, deren Index um 3 verschieden ist, als Gegenpunkte bezeichnet, wobei $6 = 0$ gesetzt wird, also $A_{6+3} = A_3$, $A_{5+3} = A_2$

etc. Seiten, deren Ecken paarweise Gegenpunkte sind, also $A_6 A_1$ und $A_3 A_4$; $A_1 A_2$ und $A_4 A_5$; $A_2 A_3$ und $A_5 A_6$ heissen Gegenseiten. Der Schnittpunkt eines Paares Gegenseiten heisst Hauptschnittpunkt. Entsprechend ist die Bezeichnung wenn man statt von 6 Punkten von 6 Geraden $a_1 \dots a_6$ ausgeht, dann heissen die Verbindungsgeraden eines Paares von Gegenpunkten Hauptdiagonalen.

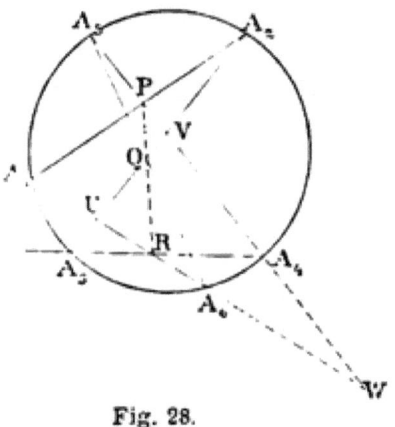

Fig. 28.

Wir betrachten irgend ein Dreieck, dessen Seiten drei nicht in einer Ecke zusammenhängende Seiten des Sehnensechsecks sind wie $A_6 A_1$; $A_2 A_3$; $A_4 A_5$; es sei U V W.

Für dieses Dreieck ist jede der 3 übrigen Seiten eine Transversale und daher nach dem Menelaos (§ 8. S. 42).

$$U A_1 . V A_2 . W P = W A_1 . U A_2 . V P$$
$$U R . V A_3 . W A_4 = W R . U A_3 . V A_4$$
$$U A_6 . V Q . W A_5 = W A_6 . U Q . V A_5$$

Multipliziert man diese 3 Gleichungen und benutzt den Potenzsatz, wonach z. B. $U A_1 \, U A_6 . = \varphi(U) f(\overleftrightarrow{A_1 \, A_6})$

und $UA_2 . UA_3 = \varphi(U) f(A_2, A_3)$, so heben sich alle 3 Faktoren φ und alle 3 Faktoren f und man hat

3) $UR . VQ . WP = WR . UQ . VP$

d. h. nach der Umkehr des Menelaos:

Die 3 Hauptschnittpunkte eines Schnen-sechsecks eines Kegelschnitts liegen in Einer Geraden.

Dieser Hauptsatz heisst nach seinem Entdecker der Pascal'sche Satz, (kurz: der Pascal); Pascal soll aus ihm über 400 Folgesätze hergeleitet haben, und gründete auf ihn die ganze Lehre von den Kegelschnitten.

Der französische Artilleriekapitän Brianchon wandte auf den Pascal 1806 die damals gerade durch Poncelet eingeführte Polarisation (cf. § 19) an, und erhielt sofort den nach ihm benannten dualen Satz zum Pascal den Satz des Brianchon:

In jedem Tangentensechseck eines Kegel-schnitts schneiden sich die drei Hauptdia-gonalen in Einem Punkt.

Sein Beweis beruht darauf, dass wenn der Kegel-schnitt selbst als Polarisationskurve benutzt wird, die Polaren von A_1 bis A_6 die Tangenten a_1 bis a_6 in A_1 bis A_6 sind. Die Ecken des Tangentensechsecks sind die Pole zu den Seiten des Schnensechsecks, die Hauptdiagonalen jenes die Polaren zu den Hauptschnitt-punkten dieses, und wenn die Pole in Einer Geraden liegen, so schneiden sich (§ 19) die Polaren in Einem Punkte.

Die Gerade PQR der Fig. 28 heisst Pascals'che Gerade, der Schnittpunkt der Hauptdiagonalen

Brianchon'scher Punkt. Die sechs Punkte bezw.
Tangenten gestatten 6! = 720 verschiedene Anordnungen,
da aber das Sechseck (bezw. Sechsseit) sich durch
cyclische Vertauschung seiner Ecken, d. h. eine solche,
bei der jeder Punkt seine Nachbarn behält, sich nicht
ändert, und ebensowenig, wenn man die ganze Folge
umkehrt, d. h. das Sechseck rückwärts durchläuft, so
ergeben die 6 Punkte 60 Pascal'sche 6-Ecke und damit
60 Pascal'sche Geraden und die 6 Tangenten 60 Brianchon'sche Punkte.

Die Folgerungen aus Pascal und Brianchon finden
sich zusammengestellt in Reye's Geometrie der Lage
7. Vortrag; Spezielle Fälle haben wir schon im § 19
gegeben, wenn zwei oder drei Paar Punkte zusammenfallen, also das Sechseck zum Viereck bezw. Dreieck wird.
Zunächst sind die Sätze umkehrbar:

Ist ein Sechseck ein Pascal'sches bezw.
Brianchon'sches, so liegen seine 6 Ecken
(Seiten) auf (an) Einem Kegelschnitt.

Der Beweis beruht darauf, dass die Gleichungen
1 und 2 je 5 Konstanten enthalten, welche durch die
Koordinaten von 5 Punkten bezw. 5 Geraden generaliter
linear bestimmt sind. Einen eigentlichen Kegelschnitt
erhält man nur, wenn keine 3 Punkte in Einer Geraden
liegen.

Die beiden grossen Sätze gestatten, wenn 5 Punkte
bezw. 5 Tangenten eines Kegelschnitts gegeben sind,
den 6. Punkt bezw. die 6. Tangente mit dem Lineal
zu konstruieren, und damit alle.

Man hat z. B. für die erstere Aufgabe nur nötig
$A_1 A_2$ und $A_4 A_5$ zum Durchschnitt in Q zu bringen,

durch Q eine beliebige Gerade (als Pascal'sche) zu ziehen, $A_3 A_4$ schneidet sie in P_1, $A_2 A_3$ in R_1, dann schneiden sich $A_1 P$ und $A_5 R$ in A_6 auf der Kurve.

Ebenso lässt sich mit dem Lineal, wenn 5 Punkte gegeben sind, in Einem von ihnen z. B. A_5 die Tangente konstruieren bezw. wenn 5 Tangenten gegeben sind, auf Einer von ihnen z. B. a_5 der Berührungspunkt finden. Man braucht nur $A_1 \ldots A_5$ als Pascal'sches Sechseck zu betrachten, bei dem A_6 und A_5 zusammenfällt, bezw. $a_1 \ldots a_5$ als Brianchon'sches. Man kombiniert $A_1 A_2$ und $A_4 A_3$ zu Q, $A_3 A_4$ und $A_{5=6} A_1$ zu P, P Q schneidet $A_2 A_3$ in R, so ist $R A_5$ die Tangente.

Man kann auch 4 Punkte geben und die Tangente in Einem von ihnen, oder 3 Punkte und die Tangenten in zweien bezw. 4 Tangenten und den Berührungspunkt auf Einer etc.

Dass der Kreis schon durch 3 Punkte bestimmt ist, liegt daran, dass alle Kreise (§ 16) durch dieselben beiden unendlich fernen imaginären Punkte gehen, ebenso ist bei der Parabel stets Ein Bestimmungsstück die unendlich ferne Gerade als Tangente gegeben.

§ 31. Die Kegelschnitte als Schnitte des Kegels.

Schon Apollonius v. Pergae (etwa 250 v. Chr.) hat die Kegelschnitte unter dem gemeinsamen Gesichtspunkt der Schnitte eines Kegels durch eine Ebene aufgefasst, und diese Auffassung ward die Grundlage der projektiven Geometrie Poncelet's.

A S B sei der Hauptschnitt eines beliebigen Kreiskegels mit der Spitze S, d. h. der Schnitt durch S und die Mitte des Grundkreis, welcher auf der Ebene des Grundkreis senkrecht steht. Es werde durch den Kegel ein Schnitt senkrecht zur Ebene ASB und parallel SB geführt (Fig. 29); durch einen beliebigen

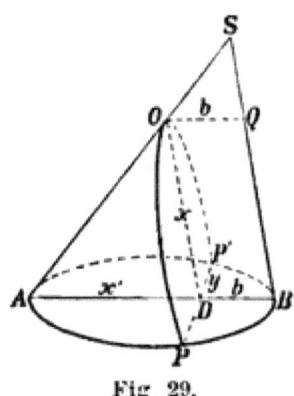

Fig 29.

Punkt P der Schnittkurve werde die Parallelebene zum Grundkreis gelegt, welche SA in A, SB in B und den Kegel in dem Kreis $APBP^1$ schneidet. Es steht alsdann PDP^1 als Schnittgerade zweier Normalebenen auf ASB senkrecht. PD werde mit y, OD mit x, AD mit x^1 bezeichnet, $\sphericalangle\, SAB = \alpha$, $\sphericalangle\, ASB = \sigma$, alsdann ist nach dem Potenzsatz: $y^2 = x^1 DB$, aber DB ist konstant und als Parallele zwischen Parallele gleich der durch O zu AB gezogenen Parallele OQ (gleich b) somit $x^1 : x = \sin \sigma : \sin \alpha$, also

$$y^2 = x\,b\,\frac{\sin \sigma}{\sin \alpha} = 2\,p\,x$$

d. h. die Schnittkurve ist eine Parabel.

O ist der Scheitel, den Brennpunkt findet man, wenn man in Q an OQ Winkel σ anlegt, sodass der freie Schenkel OD in G trifft, die Mitte von OG ist

F.   Ist der Kegel ein Rotations- oder Gerader Kegel,
so ist F der Fusspunkt des von Q auf O D gefällten
Lothes.   Dann ist $OS = \dfrac{p}{1-\cos\sigma}$ d. h. der Ort von
S ist, wenn die Parabel gegeben ist, eine Parabel, deren
Brennpunkt O ist, deren Parameter p und die in der
Ebene liegt, welche durch die Axe der Parabel senkrecht
zur Parabelebene gelegt ist.

Sei jetzt (Fig. 30) O P O' Q' eine Ebene senkrecht

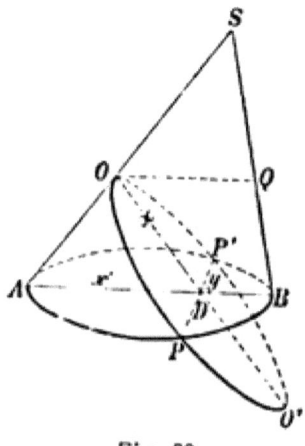

Fig. 30.

zum Hauptschnitt A S B, welche alle Kegelkanten
schneidet. [Man erhält sie, indem man in S auf A S B
das Loth errichtet, durch S eine Gerade y im Aussenraum des Kegels zieht, durch S und y die Ebene legt
und zu ihr irgend eine Parallele konstruiert.] Es
werde noch Winkel O O'S mit 0', und A O D mit 0,
A B S mit β, O O' mit 2 a bezeichnet. Dann ist wieder

$$y^2 = x' \, B \, D; \quad \frac{x'}{x} = \frac{\sin 0}{\sin \alpha}; \quad \frac{B \, D}{O' D} = \frac{\sin 0'}{\sin \beta}.$$

somit

$$y^2 = x\,(2\,a - x)\;\frac{\sin 0 \sin 0^1}{\sin \alpha \sin \beta}$$

Der Faktor von $x\,(2a - x)$, kurz ϑ, ist a) konstant, b) kleiner als 1, da er sich (durch Erweitern mit 2 und Anwendung der Formel $2\sin x \sin y = \cos(x - y) - \cos(x + y)$ auf die Form $\frac{1 - \eta}{1 + \eta}$ bringen lässt. Damit ist bewiesen: Die Schnittkurve ist eine Ellipse, deren grosse Axe 00^1 ist, denn aus dem Potenzsatz des vorigen Paragraphen folgt unmittelbar die sogen. Scheitelgleichung der Ellipse $y^2 = x\,(2\,a - x)\,\frac{b^2}{a^2}$

Wörtlich ist der Beweis für die Hyperbel derselbe, nur dass die Schnittebene parallel einer in den Kegelraum eindringenden Ebene geführt wird, welche aus dem Kegel zwei symmetrisch zu SB (u. SA) gelegene Kanten ausschneidet, welche die Richtungen der Asymptoten geben.

Ist der Kegel ein gerader Kreiskegel, so ist

$$\vartheta = \frac{2 \sin 0 \sin 0^1}{2 \sin^2 \alpha} \quad \text{da } \alpha \text{ und } \beta \text{ gleich sind, oder: c}$$

$$\vartheta = \frac{\cos(0 - 0^1) - \cos(0 + 0^1)}{2 \sin^2 \alpha} = \frac{\cos \sigma - \cos(0 + 0^1)}{2 \sin^2 \alpha}$$

$$0 - 0^1 = \sigma \quad (0 \text{ ist Aussenwinkel}) \quad \alpha = 90 - \frac{\sigma}{2}, \quad \sin \alpha = \cos \frac{\sigma}{2}$$

$$\vartheta = \frac{2 \cos^2 \frac{\sigma}{2} - 1 - \cos(0 + 0^1)}{2 \cos^2 \frac{\sigma}{2}} = 1 - \frac{1 + \cos(0 + 0^1)}{2 \cos^2 \frac{\sigma}{2}}$$

$$\vartheta = 1 - \left\{ \frac{\cos \dfrac{(0+0')}{2}}{\cos \dfrac{(0-0')}{2}} \right\}^2$$

Zieht man durch 0 wieder zu A B die Parallele
0 Q, so ist $Q O' = S O' - S O$. Winkel $Q O O' = 90 - \dfrac{(0 + 0')}{2}$ Winkel $O Q O' = 90 + \dfrac{\sigma}{2}$ also

$$\frac{\cos \dfrac{(0 + 0')}{2}}{\cos \dfrac{(0 - 0')}{2}} = \frac{S O' - S O}{2a} = e; \quad \vartheta = 1 - e^2$$

$y^2 = x(2a - x) \dfrac{b^2}{a^2}$ wo $0 0' = 2a$ und $b^2 = a^2 - a^2 e^2$ und $2 a e = S O' - S O$.

Also der Abstand der Brennpunkte, die doppelte
lineare Excentricität der Ellipse ist gleich
der Differenz der Abstände der Scheitel von
der Spitze des Kegels. Bei der Hyperbel tritt
an Stelle der Differenz die Summe.

Wir haben die Sätze:

Der Ort der Spitzen aller Rotationskegel
auf denen eine gegebene Ellipse (Hyperbel)
liegt, ist eine Hyperbel (Ellipse), deren
Hauptaxe gleich der doppelten gegebenen
linearen Excentricität ist, deren Brennpunkte die Scheitel der gegebenen Kurve
sind, und welche in der Ebene liegt, welche
in der Hauptaxe auf der gegebenen senkrecht
steht.

Da die Parabel sowohl Grenzfall der Ellipse als der Hyperbel, so folgt der für die Parabel bewiesene entsprechende Satz hier ohne Rechnung.

X. Abschnitt.

Höhere Kurven.

§ 32. Definition der Tangenten. Doppelpunkte etc.

Alle Kurven, deren Gleichungen in Punkt- oder Linienkoordinaten nicht vom ersten oder zweiten Grade sind, fasst man zusammen unter dem Namen „höhere Kurven". Schon von den Kurven 3. Grades giebt es über 100 Arten. Wir werden uns daher auf einige Beispiele höherer Kurven beschränken.

Zuvor sind einige Begriffe festzulegen; vor allem der der Tangente. Für die Kurven 2. Grades genügt es zu sagen, die Tangente ist die Gerade, welche mit der Kurve nur Einen Punkt gemeinsam hat; dazu war nötig, dass die beiden gemeinsamen Lösungen der Gleichungen der Geraden und der Kurve in Eine zusammenfielen. Man kann auch sagen, die beiden Lösungen haben einen verschwindenden Unterschied. Hieran anknüpfend definieren wir Tangente im Punkte P der Kurve, als eine Gerade, welche mit der Kurve ausser P noch einen P unendlich nahen Punkt gemeinsam hat, der also für die Anschauung mit P zusammenfällt. Da die Gleichung der Geraden nur 2 Konstanten enthält und die Bedingung. durch P $\{$ $(x_1 \; y_1)$ zu gehen

schon eine Relation zwischen den Koordinaten der
Linie giebt, so giebt die Forderung auch noch durch
einen zweiten, P unendlich nahen Punkt zu gehen, eine
zweite Relation, durch welche im Allgemeinen die
Linienkoordinaten bestimmt sind, ausser wenn die zweite
Relation identisch erfüllt ist. Im Allgemeinen haben also
selbst die transcendenten Kurven (deren Gleichung als
von unendlich hohem Grade angesehen werden kann) in
einem beliebigen Punkt P nur Eine Tangente. Im beson-
deren kann die Eine Tangente in P mit der Kurve nicht
blos zwei zusammenfallende bezw. unendlich benachbarte
Punkte gemeinsam haben, sondern drei und mehr; ist
diese Anzahl eine ungerade, so heisst die Tangente
eine Wende- oder Inflexions-Tangente und der Punkt
P ein Wendepunkt oder Inflexionspunkt, da
in diesem Falle die Kurve ihre Tangente in P durch-
schneidet. — Gewöhnliche Wendepunkte (bei denen
3 und nicht mehr unendlich nahe Kurvenpunkte in
Einer Geraden liegen) giebt es bei jeder Kurve von
höher als den 2. Grad.

Es kann aber auch vorkommen, dass die Kurve
in P unzählig viele Tangenten hat, dass jede Gerade
durch P die Kurve in zwei unendlich nahen Punkten
schneidet; dies tritt ein, wenn die Kurve sich selbst in
P schneidet, eine sogen. Schleife bildet. Dass
dann in P zwei unendlich benachbarte Punkte zusammenfallen, sieht man ein, wenn man die beiden
Zweige, welche sich in P durchschneiden, unendlich
wenig von einander entfernt, den Knoten in P durch-
schneidet.

Der Punkt P zählt dann doppelt, P heisst daher

Doppelpunkt, und analog ist die Erklärung von Dreifachen etc. Punkten. Die beiden Zweige, im Doppelpunkt P, welche die Schleife bilden, haben dann jeder einzeln in P eine Tangente, welche P mit einem unendlich nahen Punkt auf dem Zweige verbindet, diese beiden Tangenten heissen die Haupttangenten; für jege einzelne zählt P nur einfach, so dass die Haupttangenten nicht notwendig auch Wendetangenten sind; P heisst in diesem Fall Knotenpunkt.

Es kann auch die Schleife sich zum wirklichen Knoten in P zusammenziehen, so dass beide Kurvenzweige sich in P berühren, und die beiden Haupttangenten in P zusammenfallen, dann durchläuft die Kurve in P gewissermassen einen Kreis mit dem Radius 0, sie hat in P eine unendlich grosse Krümmung, P ist ein Doppelpunkt mit Spitze, ein solcher Punkt heisst Rückkehrpunkt. Er ist erster Art, wenn, wie bei der Cissoide, beide Zweige, welche sich in P berühren, an verschiedenen Seiten der gemeinsamen Haupttangente liegen; zweiter Art oder Schnabel, wenn sie an der gleichen Seite der Haupttangente liegen, wie der Nullpunkt der Kurve $y = x^2 + \gamma' x^5$ Beide Tangenten im Doppelpunkt können auch imaginär sein, dann liegt der Punkt P isoliert wie bei der Kurve: $y^2 = (x-a)^2 (x-b)$, wenn a kleiner als b, der Punkt $x = a$; $y = 0$. Die Figuren finden sich für Rückkehrpunkte erster und zweiter Art bei Becker, Geom. Zeichnen. Die Tangente lässt noch eine zweite, für die Mechanik allein in Betracht kommende Auffassung zu: sie ist die Gerade, welche mit der Kurve an der Berührungsstelle eine unendlich kleine Strecke, ein

Linienelement, gemeinsam hat; die Wendetangente hat
dann deren zwei gemeinsam. Die Tangente giebt daher
die Richtung der Kurve im Berührungspunkt an, und
man kann die Principien der Mechanik, speziell das
Parallelogramm der Geschwindigkeiten zu ihrer Kon-
struction benutzen, wie das gleichzeitig Roberval und
Toricelli gethan.

Rein geometrisch definiert man die Tangente, so
dass man eine Sekante sich um einen Schnittpunkt P
drehen lässt, bis der P nächstliegende Schnittpunkt
mit P zusammenfällt. Für einen Doppelpunkt oder
allgemein für einen vielfachen Punkt erleidet diese
Definition eine Ausnahme, man muss dann die einzelnen
Zweige der Kurve trennen. Man sieht, dass es vorkommen kann, dass die Tangente in P zugleich Tangente
an einen oder mehrere andere Kurvenpunkte ist, dann
heisst die Tangente Doppeltangente bezw. mehr-
fache Tangente.

Die Tangenten in den unendlich fernen Punkten
der Kurven heissen Asymptoten (vergl. die Hyperbel).

Für algebraische Kurven kann man auch algebraische
Definitionen geben, z. B. die Tangente in P definieren
als die Gerade, für welche in P mindestens zwei gemeinsame Lösungen zusammenfallen, den Doppelpunkt
als einen Punkt, durch welchen jede Gerade die Kurve
in höchstens nach n—2 Punkten schneidet etc.

XI. Abschnitt.

Die Cissoïde des Diokles.

§ 33. Erzeugung der Kurve.

Man zeichne einen Kreis um M, den Leitkreis mit Radius a und ziehe darin den Durchmesser 2 a oder d, genannt SS¹. Man ziehe A B und A¹ B¹ senkrecht auf SS¹ (Fig. 31) und symmetrisch in Bezug auf die Symmetrieaxe von SS¹; ziehe SB¹, schneidet SB in P, es soll der Ort des Punktes P bestimmt werden, wenn A¹B¹ sich von S¹ nach S bewegt (allgemein: unbegrenzt in der Richtung S¹S), und daher AB von S nach S¹.

S sei Nullpunkt, $\overrightarrow{SS^1}$ sei $+ X$, das Axensystem rechtwinkelig $+ Y$ wie gewöhnlich, S A ist x, P A ist y, die Länge von A B und A¹ B¹ oder A C sei z, alsdann ist (Pythagoräische Satzgruppe).

$$z^2 = x(d-x); \quad \frac{x}{2} = \frac{z}{d-x}; \quad \frac{z}{d-x} = \frac{y}{x}$$

(Dreieck $SPA \backsim SB^1A^1$) also durch Multiplikation

$$\frac{x}{d-x} = \frac{y^2}{x^2} \text{ oder}$$

1) $x^3 = y^2 (d-x)$; 1ª) $(x^2 + y^2) x = d y^2$

Der Ort des Punktes P ist also eine Kurve 3. Grades, sie heisst Cissoïde (vom griech. Kissos-Epheu) und ist etwa um 200 v. Chr. von Diokles erfunden, um das „Delische Problem" der Würfelverdoppelung (bezw. Vervielfachung) zu lösen; als welches gelöst ist, sobald es gelingt, zwischen zwei Strecken a und a ͡ u

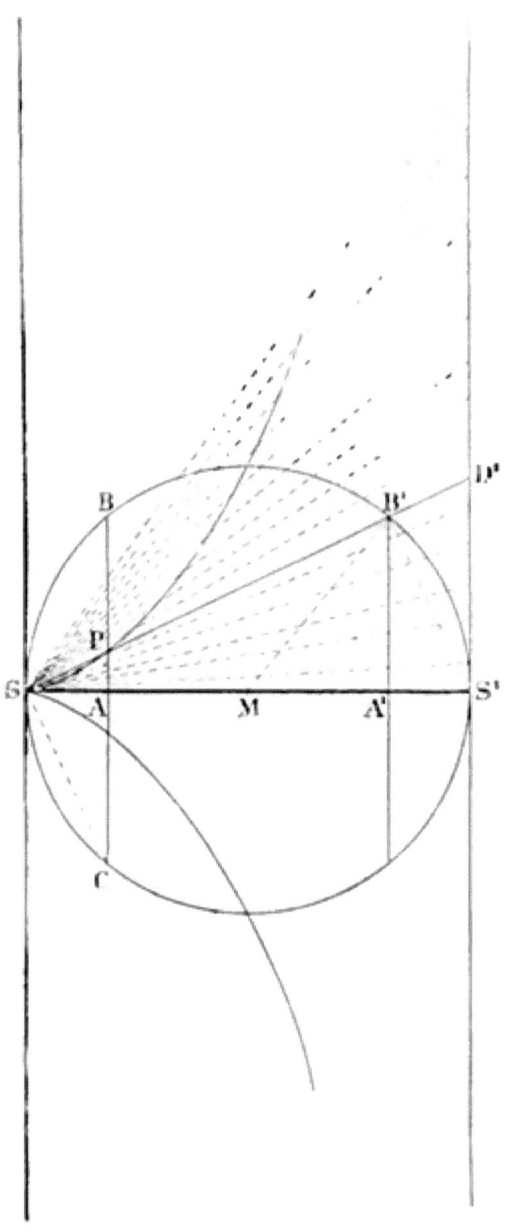

Fig. 31.

zwei mittlere Proportionalen p und q einzuschalten, so
dass $\frac{a}{p} = \frac{p}{q} = \frac{q}{a|u}$ — dann ist $\frac{a}{q} = \frac{q^2}{a^2 u}$ — oder q^3
$= n a^3$. Nun sind bei der Kissoïde z und x zwischen
a—x und y mittlere Proportionalen.

Die Gleichung der Cissoïde kann ohne weiteres
aus der Bemerkung abgeleitet werden, dass SC und
$S^1 B^1$ parallel sind, also PSC ein bei S rechtwinkeliges
Dreieck, somit unmittelbar $x^2 = yz$, $x^4 = y^2 z^2$ also $x^3 = y^2$
(d — x). Man erhält also eine zweite Erzeugung der
Kurve. Errichtet man über der Hypotenuse SS^1 alle
rechtwinkeligen Dreiecke, fällt in ihnen die Höhen und
errichtet in S auf den anliegenden Katheten die Lothe,
so ist der Ort ihrer Schnitte mit den Höhen die Cissoïde.

Eine noch bequemere Erzeugung erhellt daraus,
dass wenn $S B^1$ in D^1 zum Schnitt mit der Tangente
in S^1 gebracht wird $S B = B^1 D^1$ ist (entsprechende
Querstrecken in kongruenten Streifen) d. h. also:
Zieht man von S aus nach allen Punkten
der Peripherie des Leitkreises die Vectoren,
und trägt das Stück zwischen Kreis und der
Tangente in S^1 von S aus auf die Vectoren
auf, so ist der Ort dieser Punkte die Cissoïde.

Aus der ersten Erzeugung folgt eine vierte von
Newton herrührende, welche gestattet, die Kurve auf
mechanischem Wege herzustellen (Fig. 32). Denkt man
sich Dreieck A B M in dem kongruenten Streifen zwischen
den Senkrechten durch M und A^1 parallel verschoben, bis
M in den Cissoïdenpunkt P^1 auf $A^1 B^1$ kommt, also in
der Lage $A^{11} B^{11} P^1$ und $B^{11} P^1$ um sich selbst verlängert bis Q, so sind $S P^1$ und MQ parallel; verlängert

man MS über S hinaus, bis M', so sind nach den
elementarsten Streifensätzen M'B'' und SP' ebenfalls
parallel, das Trapez M'MQB'' ist ein symmetrisches
Trapez, also da M'MB'' ein Rechter, so ist es auch
CQB''; wir haben den Satz:

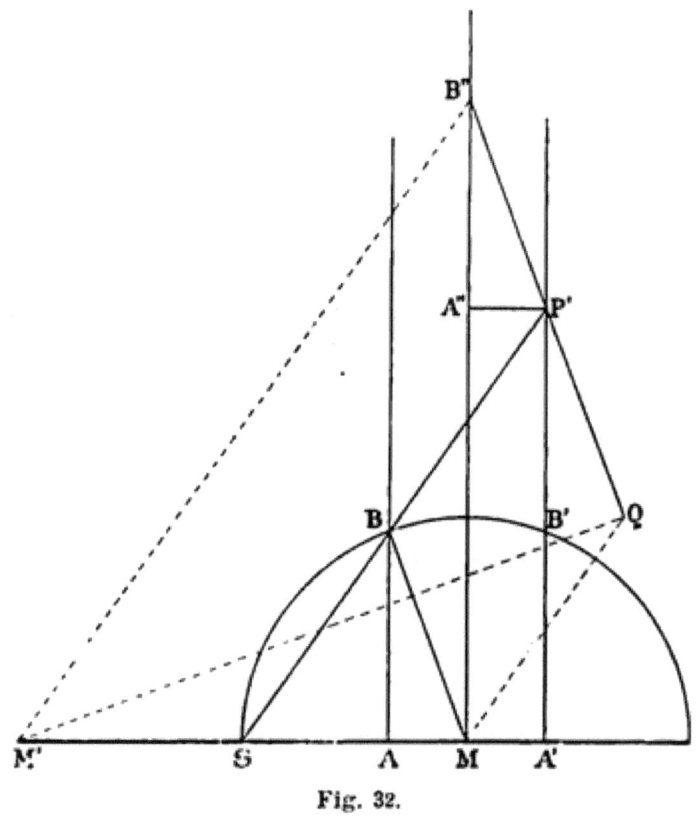

Fig. 32.

Bewegt sich ein rechter Winkel, dessen
einer Schenkel die konstante Länge d hat,
so, dass der andere Schenkel stets durch den
festen Punkt M' hindurchgeht, während der
Endpunkt des Schenkels konstanter Länge

auf einer Geraden gleitet, welche von M¹
den Abstand d hat, so beschreibt die Mitte
dieses Schenkels die Cissoïde.

§ 34. Discussion der Kurvengleichung.

Gleichung 1 bleibt bestehen, wenn x; y; d mit
irgend einem Zahlenfaktor multipliziert werden, also
alle Cissoïden, (wie alle Kreise, Parabeln, gleichseitige
Hyperbeln) sind ähnlich. Vergrössert man also die
Vektoren SP von S aus auf das n fache, so ist der Ort
der neuen Endpunkte eine ähnliche und ähnlich liegende
Cissoïde, deren Leitkreis den Durchmesser n d hat.

Die Kurvengleichung enthält nur y^2, d. h. zu jedem
Wert x der Abscisse gehören zwei entgegengesetzt
gleiche Werte der Ordinate.

Die Kurve, heisst das, ist symmetrisch in Bezug
auf die X-Axe. Giebt man der Gleichung die Form

$$1^b)\ y^2 = \frac{x^3}{d-x}$$

so sieht man zunächst. dass y mit wachsendem x rapid
zunimmt und für x = d unendlich ist, ferner dass für
x > d und x < 0 die Ordinate y imaginär ist, d. h.:

Die Cissoïde liegt ganz in dem Streifen
zwischen den Tangenten an den Leitkreis in
S und S'.

Sie besteht aus 2 symmetrischen Zweigen, die sich
und die Axe in S berühren, und im unendlich fernen
Punkt der Tangente in S' zusammenkommen. Punkt
S ist eine Spitze erster Art, denn zieht man durch
S irgend eine Gerade $y = \tau x$, wo $\tau = tg\ \varphi$ ist, so hat
man für den Schnitt mit der Kurve:

$$x^3 = \tau^2 x^2 (d-x)$$

also x — 0 und damit y = 0 ist eine doppelte Lösung,
und ausserdem giebt es noch die Lösung

$$x = \frac{\tau^2 d}{1 + \tau^2}; \; y = \frac{\tau^3 d}{1 + \tau^2}$$

und für $\tau = 0$ d. h. für die x-Axe, fällt auch die 3.
Lösung mit der doppelten x = 0, y = 0 zusammen.

Wird S P mit r bezeichnet, so ist da $\dfrac{\tau^2}{1 + \tau^2} =$
$\sin^2 \varphi$ ist, $x = d \sin^2 \varphi$, $y = d \sin^2 \varphi \, tg \varphi$ und da x = r
$\cos \varphi$, so ist

2) $r = d \sin \varphi \, tg \varphi$

die Polargleichung der Kurve (für den
Pol S, die Polaraxe $\overrightarrow{S S'}$). Diese Gleichung könnte
auch direkt abgeleitet werden aus dem rechtwinkligen
Dreieck S D'S' mit der Höhe S'B'.

Wenn x und y beide sehr gross (aber proportional)
so geht 1ª) über in $(x^2 + y^2) = 0$ (Division mit x³ giebt
$1 + \dfrac{y^2}{x^2} = \dfrac{d \, y^2}{x^2} \cdot \dfrac{1}{x}$ und $\dfrac{1}{x}$ wird 0). Die Kurve hat
also in keiner von den Axen verschiedenen Richtungen
einen reellen Punkt im Unendlichen; wenn y endlich
bleibt, ist es x auch, aber wenn x = d ist, wurde y
unendlich, d. h.:

Die Kurve hat eine reelle Asymptote,
die Tangente an den Leitkreis in S'.

(Das folgt schon aus der Konstruktion.)

Errichtet man im Punkte P $\{$ (x, y_1) der Cissoïde
auf den Vector S P die Senkrechte g, so ist deren
Gleichung

oder

$$x\,x_1 + y\,y_1 = x_1{}^2 + y_1{}^2 = \frac{d\,y_1{}^2}{x_1}$$

Die Linienkoordinaten der Geraden, u und v, sind

also $u = \dfrac{x_1{}^2}{d\,y_1{}^2}$ und $v = \dfrac{y_1}{d\,y_1}$, somit 3) $v^2 = \dfrac{u}{d}$

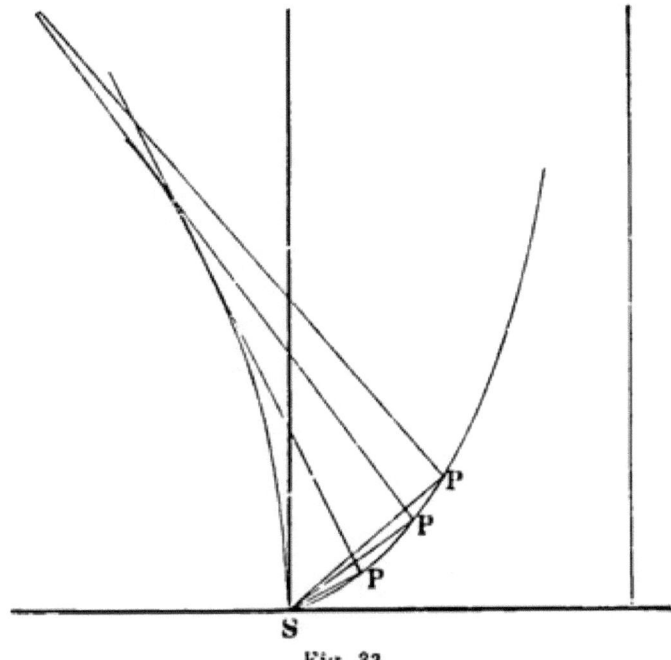

Fig. 33.

Dies ist aber die Gleichung der Parabel in Linienkoordinaten. (S. 94).

Der Parameter derselben ist 2 d und ihr Scheitel ist S, die Axe fällt in die Gerade SS^1 und aus der Bedeutung von u für die Parabeltangente folgt, dass sie die Richtung S^1S hat; wie Fig. 33 zeigt. Also:

Die Cissoide ist der Ort der Fusspunkte

der Lothe, welche man vom Scheitel der Parabel auf die Tangenten derselben fällen kann.

Die Cissoide gehört demnach zu den sogen. Fusspunktenkurven. Berücksichtigt man die Bemerkung am Anfang des Paragraphen, so sieht man, dass auch der Gegenpunkt des Parabelscheitels S in Bezug auf irgend eine der Tangenten eine Cissoide beschreibt (ähnlich und ähnlich liegend, mit dem Durchmesser 2 d). Dieser Gegenpunkt ist aber der Scheitel einer der ursprünglichen kongruenten Parabel, welche auf dieser aussen rollt, wir haben den Satz:

Rollt eine Parabel aussen auf einer ihr kongruenten, so beschreibt der Scheitel der rollenden Kurve eine Cissoide.

Die Cissoide gehört also zu den Rollkurven (vergl. Abschnitt XIV).

§ 35. Inversion oder Transformation durch reciproke Radien.

Die Cissoide steht mit der Kurve, deren Scheitelfusspunktskurve sie ist, in noch einfacherer Beziehung (wie im allgemeinen die Fusspunktskurven).

Verlängert man (Fig. 31) den Vector $SP = r$ über S hinaus, bis er die Parabel in Q schneidet, und setzt $SQ = \varrho$, und $P \begin{cases} (x \ y); \ Q \begin{cases} (\xi \ \eta), \end{cases}$ wo, da die ξ auf der negativen Seite der X-Axe liegen $\eta^2 = -2p\,\xi = -4d\,\xi$ ist, so ist $\eta = \varrho \sin(180 + \varphi)$; $\xi = \varrho \cos(180 + \varphi)$ also

$$\varrho = \frac{4\,d \cos \varphi}{\sin^2 \varphi} \quad \text{und mit Benützung von 2)}$$

4) $\varrho\,\mathrm{r} = 4\,\mathrm{d}^2$

Kennzeichnet man den Umstand, dass ϱ dem r entgegengesetzt gerichtet ist, durch das Minuszeichen, so ist $\varrho\,\mathrm{r} = 4\,\mathrm{d}^2$. Diese Beziehung drückt sich kurz aus durch den sofort zu erläuternden Satz:

Eine Cissoide ist die entgegengesetzt inverse Kurve der Parabel.

Wählt man nämlich einen festen Punkt S als Centrum der Inversion und eine Grösse $4\,\mathrm{d}^2$ als Potenz, und ordnet jedem Punkt P einen Punkt Q zu nach dem Gesetz, dass 1) Q auf dem S P entgegengesetzten Strahle, der von S ausgeht, liegt; 2) $\mathrm{S\,P}\,.\,\mathrm{S\,Q} = 4\,\mathrm{d}^2$, so heisst diese Art der Zuordnung oder Transformation „Inversion“. Den Gegensatz in der Richtung der „Inversionsstrahlen“ SP und SQ kennzeichnet man dadurch, dass man ϱ das Minuszeichen giebt, so dass $\varrho\,\mathrm{r} = -4\,\mathrm{d}^2$ gesetzt wird, und bezeichnet diese Art der Inversion als entgegengesetzte oder innere, im Gegensatz zu derjenigen, bei der P und sein zugeordneter auf demselben Strahl liegen und $\varrho\,\mathrm{r} = 4\,\mathrm{d}^2$ ist. Da die Längeneinheit willkürlich, so kann man 2 d als solche wählen, und dann ist $\varrho = + \dfrac{1}{\mathrm{r}}$ und daher heisst die Inversion meist „Transformation durch reciproke Radien, welche auch in der mathem. Physik, besonders in der Potentialtheorie eine hervorragende Rolle spielt.

Es gelten folgende Gesetze:

1) Jedem Punkt P entspricht Ein Punkt Q, und diesem umgekehrt wieder P, die Inversion gehört also zu den Punkt-Verwandtschaften (Zuordnungen, Trans-

formationen) welche auf Gegenseitigkeit beruhen, was
z. B. bei der gewöhnlichen ähnlichen Abbildung nicht
der Fall ist.

2) Je zwei Punktepaare liegen auf einem Kreis
(in dessen innerem S bei innerer Inversion), zufolge
des Potenzsatzes.

3) Es sind die Dreiecke deren gemeinsame Ecke
S und deren anderen Ecken je 2 Punktepaare sind, also
S P P' und S Q Q', ähnlich, aber so dass P in Bezug auf die
Aehnlichkeit Q' und P' über Kreuz Q entspricht.

4) Daher entspricht jeder Kurve p von Punkten P'
eine Kurve q von Punkten Q als inverse Kurve, und
umgekehrt ist p die inverse Kurve von q.

5) Der Kreis um S mit Radius 2 d heisst Hauptkreis oder Inversator, er entspricht sich selbst,
jedem Punkt im Innern entspricht ein Punkt im Aeussern
u. v. v.

6) Jeder Geraden g, welche nicht durch S geht,
entspricht ein Kreis durch S, dessen Centrum auf dem
von S auf g gefällten Lothe S P' liegt. Ist P ein
laufender Punkt von g, so ist Winkel Q'QS   P P'S
$= 90°$, also der Ort von Q ein Kreis um den Durchmesser Q'S.

7) Berühren sich 2 Kurven in P, so berühren sich
die entsprechenden in Q, oder einfacher berührt eine
Gerade g eine Kurve p in P, so berührt der g inverse
Kreis die p inverse q in Q, dem inversen Punkt von
P. Dreht man die Sekante der Kurve p um P,
so entsprechen der sich drehenden Sekante Kreise

durch S und Q, welche die Kurve q in Q und Q¹
schneiden, fällt P¹ mit P zusammen, so Q¹ mit Q, da
zu jedem Punkt P nur Ein inverser gehört.

— — — —

Da Cissoide und Parabel inverse Kurven sind, so
lässt sich die Tangente an die Cissoide in P $\begin{cases} \\ \end{cases}$ (x y) sofort konstruieren. Der Tangente in P entspricht der
Kreis, welcher durch S geht und die Parabel in Q
$\begin{cases} \\ \end{cases}$ (ξ η) berührt. Sein Centrum liegt also auf der Pa-
rabelnormalen in Q und auf der Normalen in der Mitte
von S Q. Es ist bequem für die folgende Rechnung
die Richtung der Parabelaxe als die der $+ X$ anzusehen; wir haben dann für die Koordinaten ξ^1 und η^1
des Mittelpunkts die Gleichungen beider Normalen

$$\xi^1 \eta + \eta^1 p = \xi \eta + \eta p$$
$$\xi^1 \eta + 2 \eta^1 p = \tfrac{1}{2} \xi \eta + \eta p$$

und erhalten hieraus $\xi^1 = p + \tfrac{3}{2} \xi$.

Folglich für Abscisse $2\xi^1$ des Punktes U, in welchem
der Kreis die Parabelaxe schneidet: $S U = 2 p + 3\xi$,
und hiermit, da $S U . S T = 4d^2$ ist, für S T d. i. das
Stück, welches die Cissoïdentangente von deren Axe
S S¹ abschneidet: $S T = \dfrac{4d^2}{2p + 3\xi}$

Da $p = 2d$ und $\xi = \varrho \cos \varphi$, und $\cos \varphi = \dfrac{x}{r}$, $\varrho = \dfrac{4d^2}{r}$

so ist $S T = \dfrac{\hat{d}r^2}{r^2 + 3dx} = \dfrac{dr^2 x}{r^2 x + 3dx^2} = \dfrac{dy^2}{y^2 + 3x^2}$

$= \dfrac{d}{1 + 3\frac{x^2}{y^2}} = \dfrac{dx}{3d - 2x}$ und damit die **Subtangente**

$$T A = \frac{2x\,(d+x)}{3d-2x} \quad \text{also 5) } T\,A = s_n = x - S\,T = \frac{x\,(d-x)}{3/_2\,d - x}.$$

Da $x\,(d-x) = z^2 = A\,B^2$ war, so ergiebt sich

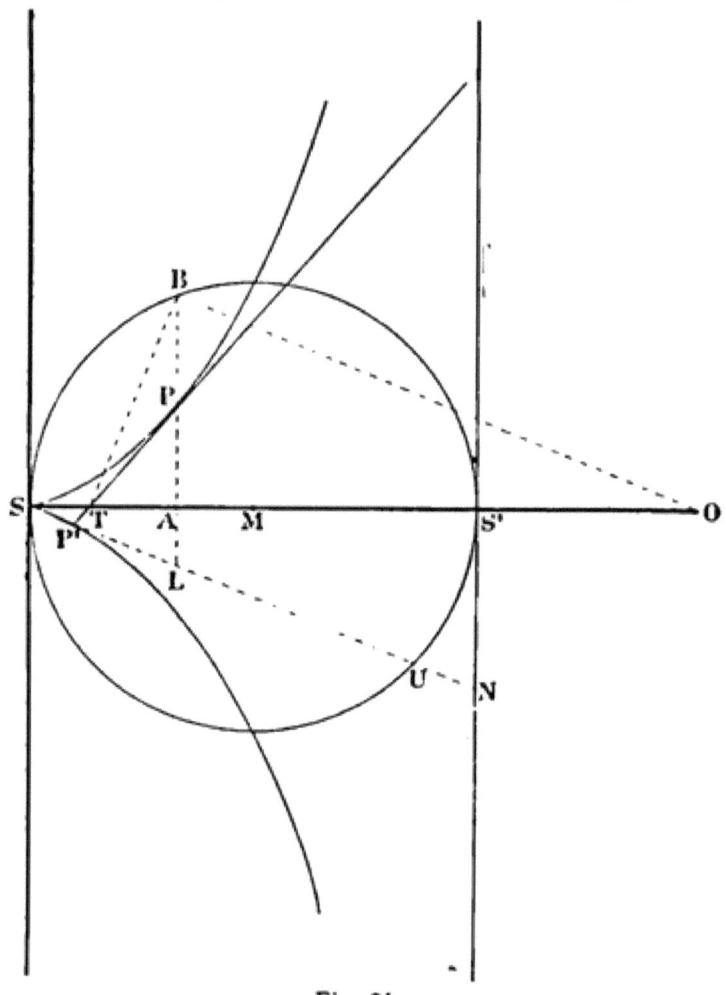

Fig. 34.

hiermit sofort die einfache Konstruktion der Tangente:
Man verlängere S S¹ über S¹ um den Radius bis
zu dem festen Punkte O, verbindet O mit B, errichtet

in B auf O B das Loth, schneidet S S¹ in T, so ist P T die Tangente. (Fig. 34).

Auch der Richtungsfaktor τ und damit die Gleichung der Tangente ist sofort bestimmt, da $\tau = \dfrac{y}{s_n}$

$= \dfrac{y\,(^3/_2\,d - x)}{x\,(d - x)}$ ist.

§ 36. Tangente; Evolute.

Aus den Gleichungen der Normalen von B und der Mittelsenkrechten von S Q ergiebt sich für die Koordinaten α_1; β_1 des Centrums des Kreises der durch S geht und die Parabel in Q berührt $\alpha_1 - p = {}^3/_2\,\xi$;

$\beta_1 = - \dfrac{\xi\,\eta}{2p} = - \dfrac{\xi^2}{\eta}$, wenn Q $\{$ ($\xi\ \eta$) ist.

Vermöge der Parabelgleichung erhalten wir:

I) $\beta_1^2 = \dfrac{4}{27}\,\dfrac{(\alpha_1 - p)^3}{p}$.

Dies ist die Gleichung einer Neil'schen Parabel, deren Scheitel F¹ vom Brennpunkt F um $\dfrac{p}{2}$ entfernt ist.

Lässt man die Bedingung durch S zu gehen fallen, verlangt aber, dass der Kreis die Parabel ausser in Q noch in einem Q unendlich nahen Punkte R $\{$ ($\xi + {}^3/_2\ \eta + h$) berühre, so hat man aus der Parabelgleichung $\eta \varkappa = ph$, unter Vernachlässigung von $\varkappa^2$, und zur Bestimmung der Koordinaten α^1, β^1 des Centrums K¹ dieses Kreises, des sogen. Krümmungskreis der Parabel in Q (vgl. Cycloïde) dient die Gleichung der Normale in Q und der in R, woraus

$\alpha^1 - p = 3\xi$; $\beta^1 = - \dfrac{2\xi\,\eta}{p}$; also $\alpha^1 - p = 2\,(\alpha_1 - p)$;

$\beta^1 = 4\beta$.

Nennt man den Radius dieses Kreises ϱ_p, so ist

$$\varrho_p{}^2 = (\xi - \alpha')^2 + (\eta - \beta')^2 = \frac{(p + 2\xi)^3}{p}$$

und Iª) $\beta'^2 = \frac{8}{27} \cdot \frac{(\alpha' - p)^3}{p}$ für den Ort der Krüm-

mungscentren die sogen. Evolute der Parabel.

Hieraus folgt zunächst die einfache Konstruktion von K': Man trage von der Normale N (Fig. 16) aus auf der Axe die Strecke $\beta\,T$ ab bis β', errichte dort das Loth auf der Axe, welches die Normale im K' schneidet.

Soll der Berührungskreis durch S durch einen beliebigen Punkt A $\{(\xi_a\,'\eta_a)$ gelegt werden, so hat man ausser I noch die Gleichung der Symmetrieaxe von S A zur Bestimmung von α_1 und β_1; da sie linear ist, so folgt, dass sich für $\alpha_1 - p_1$, oder besser für $^2/_3$ $(\alpha_1 - p)$ oder ξ, die Abscisse des Berührungspunkts, und damit für α_1 und β_1 drei Paar Werte ergeben, also sind durch einen Punkt drei solcher Kreise möglich, also auch von dem A inversen Punkt aus 3 Tangenten an die Cissoïde, d. h. also:

Die Cissoïde ist eine Kurve 3. Ordnung.

Hiebei ist die Lösung $\beta = 0$ nicht berücksichtigt, sie führt auf den stets möglichen Kreis der durch A geht, und die Parabel in S berührt; ihm entspricht der Strahl, welcher den A inversen Punkt mit S verbindet, der auch (vgl. § 32) den Charakter als Tangente hat.

Die Gleichung 3. Grades selbst lautet, wenn

$$\frac{(\xi_a{}^2 + \eta_a{}^2 - 2p\,\xi_a)\,2\eta_a{}^2}{p\,\xi_a{}^3} = v \quad \text{und} \quad \frac{2}{3}\frac{(a_1 - p)}{p\,\xi_a{}^2}.2\eta_a{}^2 - 3 = \lambda.$$

gesetzt wird: $\lambda^3 - 3\lambda\,(9 - 2v) - \left((9 - v)^2 - 27\right) = 0.$

Ihre Discriminante (vgl. Schubert Arithmetik S. 68)
D ist $v^3\,(\frac{v}{4} - 1)$, sie hat also 2 gleiche reelle Wurzeln,
wenn $v = 0$ und $v = 4$. Das erste gibt $\xi_a{}^2 + \eta_a{}^2$
$= 2p\,\xi_a$, d. h.: den Kreis der um F^1 mit p ge-
schlagen ist. Dieser Kreis, der die Parabel im Scheitel
vierpünktig berührt, zählt also doppelt, und ausserdem
giebt es für seine Punkte nur noch Eine Lösung:
$\xi = {}^2/_3\,(a_1 - p) = \dfrac{9\;p\,\xi_a}{4p - 2\xi_a}$. Diesem Kreis, dem
Scheitelkreis, entspricht invers die Asymptote der
Cissoïde, (die Leitlinie der Parabel), von ihren Punkten
giebt es also (ausser der Asymptote) noch Eine Tangente.
Jst J $\Big\{$ (d y_i) der A inverse Punkt, so findet man leicht

$$\frac{d - x}{x} = \frac{9\,d^2}{4y_i{}^2} = \frac{x^2}{y^2}; \quad \frac{x}{y} = \frac{{}^3/_2\,d}{y_i}.$$

Hieraus ergiebt sich sofort die Konstruktion dieser
Tangente. Man verschiebt die Asymptote parallel der
Axe um den Radius des Leitkreises; J rückt dann
nach J^1, zieht den Vector $J^1\,S$, so schneidet er die
Kurve im Berührungspunkt P. Ist die Kurve nicht
gezeichnet, so zieht man den Vector von S^1 nach dem
Punkt in dem die Mittelsenkrechte von $S\,S^1$ den Vector
$S\,J^1$ schneidet, und dieser Vector trifft den Leitkreis
in B, und das von B gefüllte Loth $S\,J^1$ in P. Noch
einfacher: Man trägt das Stück des Vector $S\,J^1$ zwischen
Kreis und Asymptote von S auf $S\,J^1$ ab, giebt P.

Für die Punkte im Innern des Scheitelkreises ist
v negativ, also D positiv, also giebt es für sie nur
Einen reellen Berührungskreis; dem Innern des Kreises
entspricht das Aeussere der Asymptote, also lässt sich
von Punkten jenseits der Asymptote nur Eine Tangente
an die Cissoïde legen. D wird dann wieder 0, wenn
v = 4 d. h. aber $\eta_a^2 = 2p\,\xi_a$. Für die Punkte zwischen
dem Scheitelkreis und der Parabel ist D negativ, also
giebt es für sie 3 Kreise; also für die Punkte zwischen
Cissoïde und Asymptote 3 Tangenten.

Für die Punkte Q auf der Parabel fallen 2 Kreise
in den Berührungskreis bei Q zusammen, und es giebt
ausserdem noch Einen, der die Parabel in Q durch-
schneidet. Für die Punkte ausserhalb der Parabel
ist D positiv, also giebt es nur Einen (reellen) Kreis. Daher gehen durch jeden Cissoïdenpunkt P zwei Tangenten,
die eigene (doppeltzuzählende) und eine, welche in
einem andern Punkt berührt und bei P schneidet.
Für die Punkte aber, ausserhalb des Raumes zwischen
Cissoïde und Asymptote giebt es nur Eine Tangente.
Die Gleichung 1 ist mit 1ᵃ identisch, wenn in 1ᵃ p
durch 2p ersetzt wird, und dann der Anfangspunkt
um p in der Axe nach dem Scheitel zu verschoben
wird. Also:

Verschiebt man die Evolute einer Parabel
parallel der Axe um den halben Parameter
nach dem Scheitel zu, so wird sie zur Nebenevolute der Parabel mit halbem Parameter.

Liegt der Punkt A $\{$ (ξ_a η_a) auf der Parabel selbst,
so ist v = 4, so hat man: $\lambda^3 - 3\lambda + 2 = 0 = (\lambda - 1)^2$
$(\lambda + 2)$, welche Gleichung ausser der a priori klaren

doppelten Lösung $\lambda = 1$, d. h. $\xi = \xi_a$, noch die Lösung
$\lambda = -2$ d. h. $\xi = {}^2/_3 (\alpha_1 - p) = {}^1/_4 \xi_a$ hat. Also:

Der die Parabel in Q $\left\{ (\xi \mid \eta)$ schneidende

Berührungskreis, berührt in q $\left\{ \begin{pmatrix} \xi & -\eta \\ 4 & -2 \end{pmatrix} \right.$.

Da das Verhältniss der Koordinaten durch Inversion
sich nicht ändert, so ist $\dfrac{y^1}{x^1} = -\dfrac{2x}{y}$, d. h. $\operatorname{tg} \varphi^1 = -2 \operatorname{tg} \varphi$.
Also:

Durch jeden Punkt der Cissoïde geht ausser der
Tangente in ihm noch eine zweite Tangente an den
entgegengesetzten Zweig, man erhält den Berührungspunkt, wenn man die Ordinaten über ihren Fusspunkt
hinaus um das zweifache verlängert und den zugehörigen Vector zieht.

Will man also im Cissoïdenpunkt P die
Tangente ziehen, so verlängert man (Fig. 34)
die Ordinate um ihre Hälfte bis L, zieht
den Vector nach dem Endpunkt, schneidet
die Cissoïde in P', so ist P¹ P die Tangente.

Liegt die Kurve nicht gezeichnet vor, so kann man
die alte Konstruktion benützen, oder die Abscisse im
Verhältniss $\dfrac{d}{2} : d - x$ teilen, oder was das eleganteste:
Man zieht den Vector von S nach L, bis an die Asymptote nach N; der Scheitelkreis schneidet S N in U,
trägt U N von S aus auf den Vector ab, so ist P¹ P
die Tangente.

Bei der Inversion bleiben die Berührungseigen-
schaften der Kurven erhalten, einem Kreis entspricht
ein Kreis, somit entspricht dem Krümmungskreis der

Parabel, der der Cissoïde. Die Centren sind nicht
entsprechend, die Radien nach entsprechenden Punkten
antiparallel, das Inversionscentrum S ist der innere

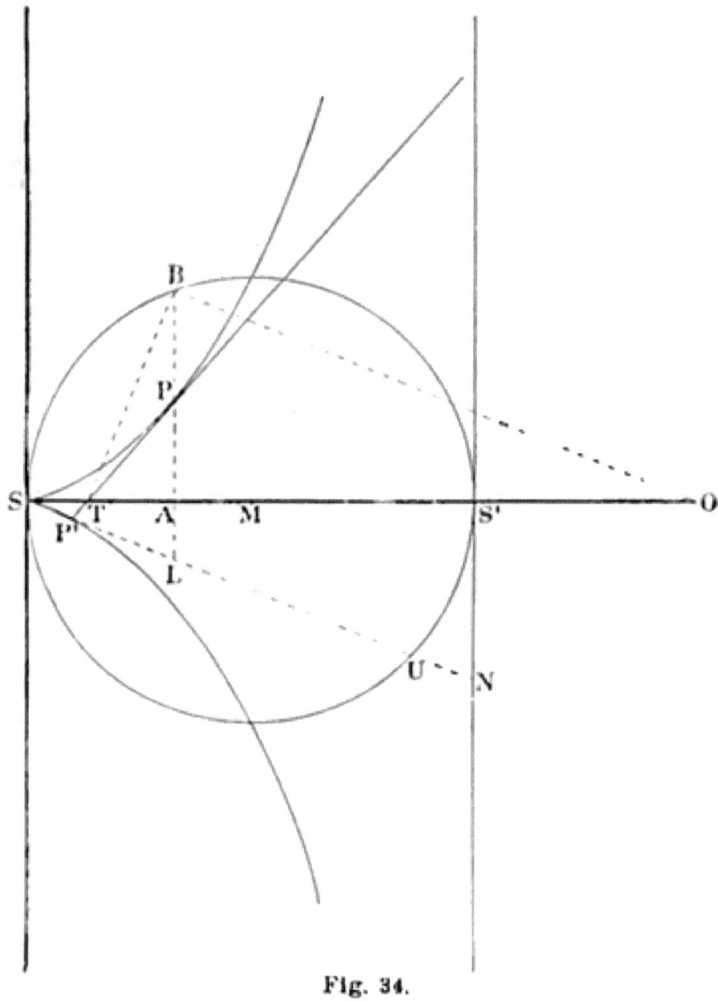

Fig. 34.

Aehnlichkeitspunkt. Sind K¹ und K die Centren, und
schneidet der Inversionsstrahl S Q den Kreis K¹ noch
in Q¹, so sind K P und K¹ Q¹ parallel. Werden die

Koordinaten von K mit α und β, der Krümmungsradius der Cissoïde mit ϱ_c bezeichnet, so ist:

$$\frac{\varrho_c}{\varrho_p} = \frac{S\,P}{S\,Q^1} = \frac{S\,P\,.\,S\,Q}{S\,Q^1\,.\,S\,Q^1}; \quad S\,Q\,.\,S\,Q^1 \text{ ist die Potenz}$$

des Punktes S in Bezug auf den Krümmungskreis. **Die Potenz des Scheitels der Parabel in Bezug auf den Krümmungskreis im beliebigen Kurvenpunkte** $Q\,\{(\xi\,\eta)$ ist $-3\xi^2$; $S\,P.S\,Q = -4d^2$;

also: $\dfrac{\varrho_c}{\varrho_p} = \dfrac{4\,d^2}{3\xi^2}.$ Es ist allgemein, wenn $S\,Q$ wieder ϱ;

$S\,P$ wieder r ist, $\xi = \varrho\,\cos\varphi = \dfrac{\varrho\,x}{r} = \dfrac{\varrho\,r\,x}{r^2} = -\dfrac{4d^2x}{r}.$

Nach der Cissoïdengleichung ist $r^2 = \dfrac{dx^2}{d-x}$ also:

II) $\quad\dfrac{\xi}{d} = \dfrac{4\,(d-x)}{-x_3};\quad$ also:

II^a) $\quad\varrho_c^2 = \dfrac{d^2x\,(4d-3x)^3}{36\,(d-x)^4}.$

Die Konstruktion des Krümmungscentrums ist nach dem Vorstehenden einfach. Für die Koordinaten α und β ergiebt sich:

$$\frac{-\alpha}{\alpha^1} = \frac{\varrho_c}{\varrho_p} = \frac{4}{3}\,\frac{d^2}{\xi^2};= -\frac{\beta}{\beta^1}; \frac{\beta^2}{\beta_1{}^2} = \frac{16}{9}\,\frac{d^4}{\xi^4}; \text{aus I}^a \text{ war:}$$

$\beta^1{}^2 = \dfrac{4\xi^3}{d}$, also:

II^b) $\quad\beta^2 = \dfrac{64}{9}\,\dfrac{d^3}{\xi} = \dfrac{16}{9}\,\dfrac{d^2\,x}{d-x} = \dfrac{16}{9}\,\dfrac{y^2}{x^2};$

$$\frac{\beta}{d} = \frac{4}{3}\,\frac{y}{x} = \frac{4}{3}\,\text{tg}\,\varphi,$$

woraus sich eine höchst einfache Konstruktion des Krümmungscentrums ergiebt.

$$- \frac{\alpha}{\alpha^1} - \frac{4}{3}\frac{d^2}{\xi^2}; - \alpha = \frac{4}{3}\frac{d^2}{\xi^2}(p + 3\xi) = \frac{4}{3}d$$

$$\left(\frac{2d^2}{\xi^2} + 3\frac{d}{\xi}\right); \frac{d}{\xi} = \frac{9\beta^2}{64d^2} \text{ also:}$$

III) $- 512\alpha\, d^3 = 27\beta^4 + 288\beta^2\, d^2$

die Gleichung der Evolute der Cissoïde,
welche sich demnach als eine Parabel-artige, bis auf
S ganz im negativen Teil der Abscissenaxe liegende
Kurve 4. Grades ausweist. Die Nebenevolute der
Cissoïde, d. h. der Ort der Centren aller Kreise,
welche die Cissoïde berühren und durch S gehen, ist
eine zu ihrer Parabel ähnlich liegende Parabel mit halbem Parameter; denn berührt das
in P auf S P errichtete Loth die Parabel in $\mathfrak{Q}$, so ist
der dem Dreieck S P $\mathfrak{Q}$ umschriebene Kreis invers
zur Parabeltangente in dem P inversen Parabelpunkt
Q, er berürt also die Cissoïde in P und die
Linie, welche P mit der Mitte von S $\mathfrak{Q}$ ver-
bindet, ist die Normale der Cissoïde in P.
(Beweis: Denkt man sich zu Q den inversen (Cissoïden)
Punkt $\mathfrak{P}$, so ist S $\mathfrak{P}$ $\mathfrak{Q}$ = S P $\mathfrak{Q}$ = 90°, also $\mathfrak{P}$ Q die
Parabeltangente in (Q). Es ist leicht dies durch die
Rechnung zu bestätigen. Zwischen den Koordinaten
von Q $\{$ (ξ'', η'') und Q $\{$ (ξ; η) bestehen die Relationen:
$\xi''\xi = 4d^2$; $\eta''\eta = - 8d^2$. Der Punkt $\mathfrak{P}$ und der zu
P gehörige P^1 sind daher konjugierte Punkte, d. h.
ihre Abscissen sind zusammen d, ihre Amplituden zusammen 90°, dies giebt ein Mittel an die Parabel
mittelst des festen Leitkreis die Tangente
linear zu ziehen.

§ 37. Die Quadratur.

Zieht man den Radius vector S P aus bis er die Tangente in S^1 (die Asymptote) in D^1 (Fig. 31) schneidet, und denkt sich die zugehörige Amplitude φ in n gleiche Teile geteilt und die zu den Teilpunkten gehörigen Vectoren r_1 r_2 .. r_k ... gezogen und verlängert bis sie die Asymptote in D_1 D_2 . D_k .. treffen, und bezeichnet $S D_k$ mit R_k, so ist das Element der inneren Fläche zwischen r_{k-1} und r_k die Differenz der Kreissektoren mit den Radien R_k und r_k und dem gemeinsamen Centriwinkel $\frac{\varphi}{n}$, also: $F_k = \frac{1}{2} \frac{\varphi}{n} (R_k^2 - r_k^2)$. Bezeichnet man φ: n mit ψ, so ist, da $R_k = \dfrac{d}{\cos k\psi}$ und $r_k = d \sin k\psi \ \mathrm{tg}\ k\psi$ ist:

$$F_k = \frac{1}{2} \frac{\psi \ d^2}{\cos^2 k\psi} (1 - \sin^4 k\psi) = \frac{\psi}{2} d^2 (1 + \sin^2 k\psi.)$$

Für F selbst also d. h. für das Flächenstück zwischen Kurve, Axe, Asymptote und den Vector zwischen Kurve und Asymptote — Cissoïdenviereck — ist

$$F = \frac{1}{2} d^2 \varphi + \frac{1}{2} d^2 \psi \sum_{k=1}^{k=n} \sin^2 k\psi.$$

Es ist aber $\sin^2 k \psi = \frac{1}{2} 2 \sin^2 k \psi = \frac{1}{2}(1 - \cos 2k\psi)$ also $\psi \sum = \frac{1}{2} \varphi - \frac{1}{2} \psi \sum_1^n \cos 2k\psi$.

Nach einer bekannten Trigonometrischen Formel ist $\sigma = \sum_1^n \cos 2k\psi = \dfrac{\sin (n + \frac{1}{2}) 2\psi}{2 \sin \psi} - 1$ und $\frac{1}{2} \psi \sigma = \frac{1}{2} \dfrac{\psi \sin (n + \frac{1}{2}) 2\psi}{2 \sin \psi} - \frac{1}{2} \psi$, und wenn n über jedes Mass gross: $\frac{1}{2} \psi\sigma = \frac{1}{4} \sin 2\varphi$, also

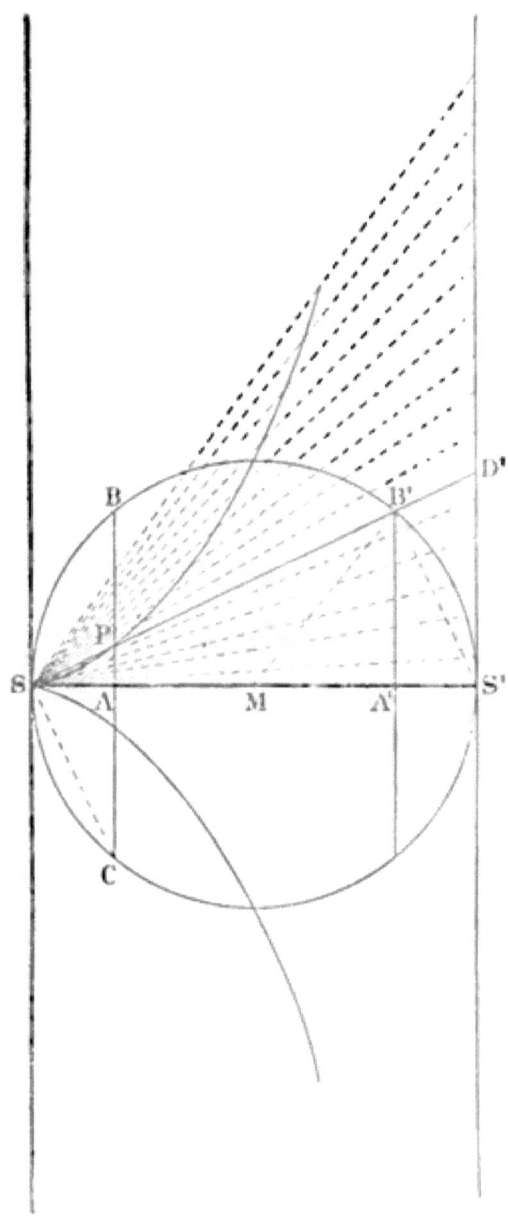

Fig. 31.

6) $F = \frac{3}{4} d^2 \varphi - \frac{1}{8} d^2 \sin 2\varphi$; in Worten:

Das Cissoïdenviereck ist gleich dem doppelten zugehörigen Sector des Leitkreises (B¹ M S¹) vermehrt, nun das zugehörige Segment desselben (S¹ B¹).

Nimmt man vom Kissoïdenviereck das Trapez A P D¹ S¹ weg, welches $= \frac{1}{4} d^2 \sin 2\varphi + \frac{1}{2} d^2 \cos\varphi$ $\sin^3 \varphi$, so ist die Fläche J, begrenzt von Kurve, Abscisse und Ordinate:

6ᵃ) $J = \frac{3}{4} d^2 \varphi - \frac{3}{8} d^2 \sin 2\varphi - \frac{1}{2} d^2 \cos\varphi \sin^3 \varphi.$

Ist $\varphi = \frac{\pi}{2}$, so ist

7) $J = \frac{3}{4} d^2 \frac{\pi}{2}$ d. h., wie Huygens gefunden:

Das Flächenstück zwischen der ganzen Cissoïde und ihrer Asymptote ist dreimal so gross als der erzeugende Kreis. Die vorstehende Methode der Quadratur ist ohne weiteres auf die aus der Ellipse hervorgegangene Cissoïde anwendbar.

XII. Abschnitt.

Cassini'sche Kurven oder Lemniscaten.

§. 38.

Gegeben seien die Punkte F und F_1, „die Brennpunkte", es soll der Ort des Punktes P bestimmt werden, für den das Produkt (Rechteck) seiner Entfernungen von F und F_1 gleich dem konstanten Quadrat c^2 ist.

Die konstante Entfernung F F' sei 2 a (Fig. 35) (a die „Brennweite"). Der Axenwinkel sei 90°, die Mitte M von F F, sei Nullpunkt, M F, (F, rechts von M) sei + X; ferner P F = ϱ; P F, = ϱ_1; P M = r. Winkel P M F, = φ. Nach dem Cosinussatz ist a) im Dreieck P M F

$$\varrho^2 = (r^2 + a^2) + 2a\, r\, \cos \varphi.$$

b) Im Dreieck P M F,

$$\varrho_1{}^2 = (r^2 + a^2) - 2ar \cos \varphi.$$

Multipliziert man, so erhellt

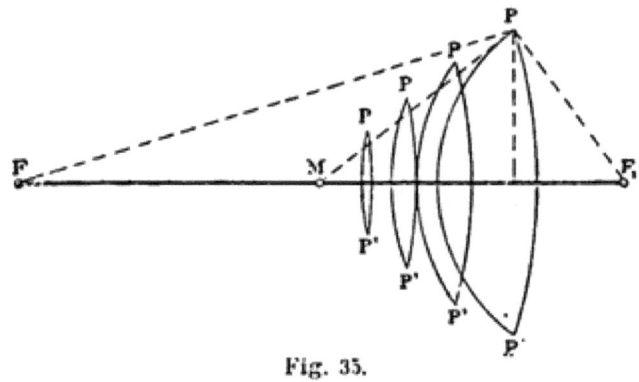

Fig. 35.

1) $\varrho^2\, \varrho_1{}^2 = (r^2 + a^2)^2 - 4\, a^2\, r^2 \cos^2 \varphi = c^4$

oder:

2) $r^4 - 2a^2\, r^2 \cos 2\varphi = c^4 - a^4 = d^4.$

Die Gleichung 2 ist die Gleichung der Ortskurve in Polarkoordinaten mit M als Centrum oder Pol und M F, als Polaraxe.

Man sieht sofort, dass 3 Fälle zu unterscheiden: c > a; c < a; getrennt durch c = a. Die Kurven heissen gemeinsam: Cassini'sche Kurven oder Lemniscaten, sie spielen in der Optik eine Rolle und erscheinen im Polarisationsapparat, wenn aus einem optisch zweiaxigen Krystalle eine zur Winkelhalbierenden der Axen senkrechte Platte geschnitten wird.

Da $\cos \varphi = \dfrac{x}{r}$ und $r^2 = x^2 + y^2$, so hat man

3) $4a^2\,x^2 = (r^2 + a^2)^2 - c^4 = (r^2 + a^2 + c^2)(r^2 + a^2 - c^2)$
$4a^2\,y^2 = c^4 - (r^2 - a^2)^2 = (r^2 + c^2 - a^2)(c^2 + a^2 - r^2)$.

Jede der Gleichungen 3) zeigt, dass die Kurven vom 4. Grade sind. Benutzt man beide Gleichungen 3), so sind die beiden Variabeln x^2 und y^2 mittelst der Grösse r^2 einfach ausgedrückt, r heisst dann ein Parameter und die Einführung eines Parameters ist für höhere Kurven, besonders für Transcendente oft sehr zweckmässig. Ersetzt man r^2 durch $x^2 + y^2$, so erhält man

4) $(x^2 + y^2 + a^2)^2 = c^4 + 4a^2\,x^2$ oder
5) $(x^2 + y^2)^2 - 2a^2\,(x^2 - y^2) = d^4$.

Die Gleichungen 4 und 5 enthalten nur die Quadrate von x und y, daher sind beide Axen Symmetricaxen der Kurven und es gehören immer 4 Punkte zusammen, deren Koordinaten sich nur durch die Vorzeichen unterscheiden (cf. § 1), wir wollen sie ein System „gepaarter" Punkte nennen. Man kann sich also bei der Untersuchung der Gestalt der Kurven auf den Quadranten I (+ x, + y) beschränken.

Für die Konstruktion der Kurvenpunkte kann man sich entweder des Potenzsatzes beim Kreise bedienen oder (Fig. 36.), man schlägt nun F und F₁ mit Radien ϱ und ϱ_1 Kreise, so dass $\varrho\,\varrho_1 = c^2$ ist. Ist z. B. A B C D ein Quadrat mit der Seite c und verbindet nun B mit einem beliebigen Punkt G auf A D, so

schneidet B G die Seite C D in E so, dass A G . E C
= c² ist. Durch Drehung des Strahles B G erhält man
alle zusammenpassenden Werte von ϱ und ϱ_1, von 0 bis ∞.
Die Kreise, die man um F und F_1 mit A G und E C
schlägt, schneiden sich im Allgemeinen in 2 Punkten,
und durch Vertauschung von A G und E C erhält
man die beiden anderen mitgepaarten Punkte.

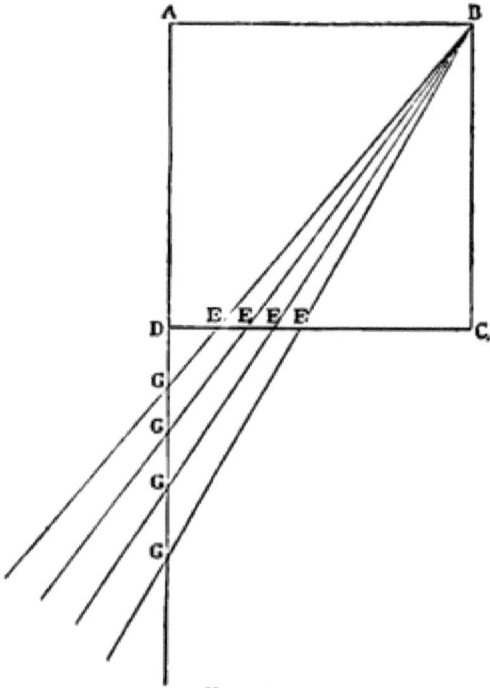

Fig. 36.

Wie auch c sein mag, so hat eine Schaar jener
Kreise immer reelle Schnittpunkte, denn wenn der
Radius ϱ sehr gross, so ist ϱ_1 sehr klein und der Kreis
um F schliesst jenen um F_1 ein, wenn aber ϱ sehr klein
und ϱ_1 sehr gross, so ist's umgekehrt, dazwischen muss
also der Fall eintreten, dass die Kreise sich schneiden.

Die Gleichung 3 zeigt, dass wenn $y = 0$ ist, $x^2 = c^2 + a^2$ oder $a^2 - c^2$ ist, die Kurve muss also, wie auch c sei, die X-Axe in den zwei (reellen) Punkten $y = 0, x = \pm \sqrt{c^2 + a^2}$ schneiden; die beiden anderen Schnitte sind imaginär (unsichtbar), wenn $c > a$, reell wenn $c < a$, und fallen, wenn $c = a$ in M zusammen, der dann doppelt zu zählen ist. Man sieht aus jeder der Gleichungen, dass M das Centrum der Kurve ist, allerdings im eigentlichen Sinne d. h. so, dass jede Strecke, welche durch M geht und zwei (reelle) Kurvenpunkte verbindet, in M halbiert wird, nur wenn $c > a$ ist; da, wenn $c < a$ Gerade durch M, deren Gleichung also von der Form $y = \iota y$ ist, die Kurve in zwei Paar reellen Punkten schneiden können $(\lambda \mu), (-\lambda \mid -\mu), (\lambda^1 \mu^1), (-\lambda^1 \mid -\mu^1)$ und nur die Verbindungssehnen von Punkten mit entgegengesetzten Koordinaten werden in M halbiert.

Ist $x = 0$, so ist $y^2 = c^2 - a^2$ oder $(c^2 + a^2)$; zwei Schnittpunkte der Kurve mit der Y-Axe sind also stets imaginär, die beiden andern nur reell, wenn $c > a$. Ist $c = a$, so fallen auch diese beiden in M zusammen. Wenn aber $c < a$, so besteht die Kurve aus zwei ganz getrennten symmetrischen Teilen, die sich auf der Grenze, wenn $c = a$, in M vereinen; wenn $c > a$, so bildet die Kurve nur einen Zug. Die Kurven liegen, wie 2) oder 3) zeigt, stets im Endlichen, da r^2 in die Grenzen $c^2 + a^2$ und $c^2 - a^2$ eingeschlossen, und wie 5) zeigt auch $x^2 - y^2$; sie haben also keine reellen Asymptoten. Gleichung 3) zeigt, dass $4a^2 y^2$ und damit y^2 und damit der absolute Betrag von y „ y|" am grössten, wenn $r^2 = a^2$, $r = a$ ist, d. h. also in den 4 Punkten, in denen der Kreis um M mit Radius MF_1 die Kurve schneidet, und dass dort $|y| = \dfrac{c^2}{2a}$ ist. Da aber x^2 nur positiv, x reell, wenn $r^2 > c^2 - a^2$ ist, so sind diese Punkte nur dann vorhanden (reell), so lange $a^2 > c^2 - a^2$ ist, d. h. $c^2 < 2a^2$ ist. Die Kurven haben

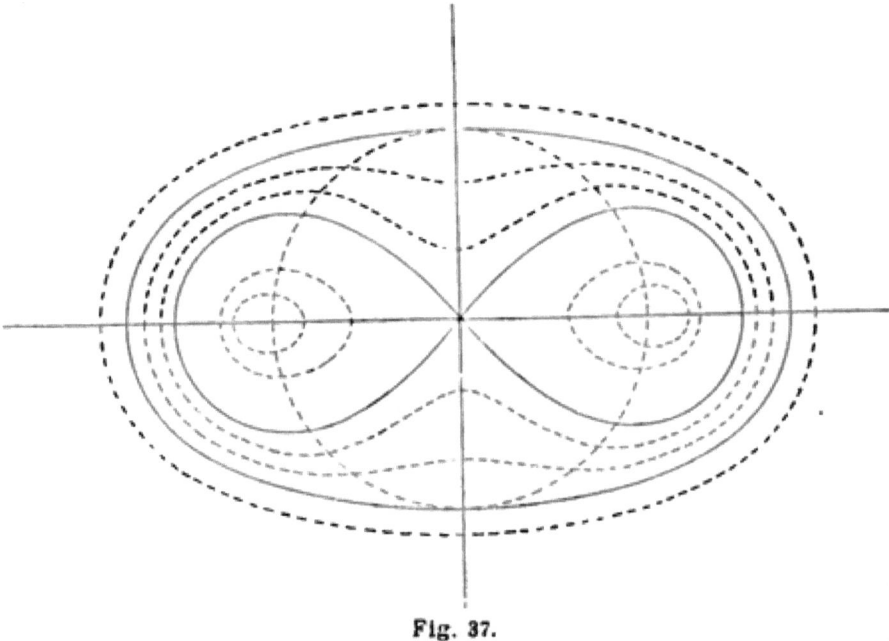

Fig. 37.

dann in diesen Punkten 2 Doppeltangenten, welche der X-Axe parallel sind.

Die Gleichung 4) lehrt, dass der kleinste Wert von $r^2 + a^2$ und damit von r^2 und r eintritt, wenn $x = 0$, $r^2 = c^2 - a^2$ ist. Es ist leicht zu zeigen, dass so lange $c^2 < 2a$ ist, die Kurve an diesen Stellen, wo sie die Y-Axe schneidet, eine Einsenkung hat, die sich je näher c^2 an $2a^2$ kommt, verliert und umgekehrt immer stärker wird, wenn c^2 abnimmt und sich a^2 nähert, bis für $c = a$ die beiden Einsenkungsorte sich zu einem Doppelpunkt in M vereinen. Wird c^2 noch kleiner, so reisst die Kurve auseinander und bildet zwei getrennte Ovale, während, wenn $c^2 = 2a^2$ die Kurve die Gestalt eines Ovals hat, wie die Figur 37 zeigt, in der die beiden Grenzfälle $c = a$ und $c^2 = 2a^2$ ausgezogen, die anderen punktiert gekennzeichnet sind.

Den Beweis der Einsenkung giebt Gleichung 3; da wie 4) zeigt, r sich für von 0 aus wachsende oder abnehmende Beträge des x stets um positive Beträge ändert, so ändert sich $4a^2 y^2$ in der Nähe von $x = 0$, bezw. $r^2 - c^2 - a^2$ um $2\varepsilon (2a^2 - c^2)$, wo ε die in dieser Umgebung stets positive Aenderung von r^2 bezeichnet. So lange also $2a^2 > c^2$, wächst $4a^2 y^2$ und damit y zu beiden Seiten der Stelle $x = 0$ und y hat dort ein Minimum $\sqrt{c^2 - a^2}$. Wird $c^2 = 2a^2$, so wird für $x = 0$ $y^2 = a^2$ und der Kreis um M mit a berührt die Kurve in den Punkten, wo sie die Y-Axe schneidet und y zugleich sein Maximum hat. Die Kurve hat dann mit den beiden Parallelen zur X-Axe $y = \pm a$ nur den Punkt $x = 0$ $y = \pm a$ gemeinsam, und keine weiteren reellen oder imaginären, d. h. alle 4 gemeinsamen Lösungen fallen in die Eine zusammen, die Kurve hat dort eine Doppeltangente, deren beide Berührungsstellen zusammenfallen, (aber keine Wendetangente).

Der Gleichung der Kurve liess sich die Form geben:

5) $(x^2 + y^2)^2 - 2a^2 (x^2 - y^2) = c^4 - a^4 = d^4.$

Setzt man darin $x^2 + y^2 = y'$; $x^2 - y^2$ $x' - \dfrac{d^4}{2a^2}$

so geht 5) über in 6) y'^2 $2a^2 x'.$

Dies ist die Gleichung einer Parabel, deren Parameter a^2 ist.

(Dabei ist zu bemerken, dass x^2; y^2; a^2 Masszahlen sind, also Zahlen, und wieder auf eine Strecke als Einheit bezogen werden können). Wir haben den wichtigen Satz:

„Alle Cassinischen Kurven derselben „Brennweite a gehen aus derselben Parabel „mit dem Parameter a^2 durch eine einfache „Transformation 2. Grades hervor.

Da, wenn $x = 0$ und $y = 0$ ist, $y^1 = 0$ und $x^1 = \dfrac{d^4}{2a^2}$ ist, so hat diese Parabel, wenn $+X$ als ihre Hauptaxe angesehen wird, den Scheitel auf dem Punkt, der in Bezug auf die alten Koordinatenaxen die Koordinaten $y = 0, x = -\dfrac{d^4}{2a^2}$ hat. Je nach dem Wachsen von c^2 entfernt sich also der Scheitel auf der X-Axe vom Punkte $+\dfrac{a^2}{2}$ aus nach links, bei $c = a$ ist er in M. Jedem Parabelpunkt ($x^1\ y^1$) entspricht ein System gepaarter Cassinischer Kurvenpunkte, die man einfach konstruieren kann als Schnitte des Kreises $x^2 + y^2 = y_1$ und der gleichseitigen Hyperbel $x^2 - y^2 = x^1 - \dfrac{d^4}{2a^2}$. Jeder Parabelsehne entspricht ein centraler Kegelschnitt, der die Kurve in 2 Systemen schneidet, er ist bestimmt durch die Gleichung 7) $x^2 (r_1^2 + r_2^2 - 2a^2) + y^2 (r_1^2 + r_2^2 + a^2) - (y_1 y_2 + d^4)$

0. Einer Schaar paralleler Parabelsehnen entspricht eine Schaar ähnlicher Kegelschnitte. Der Tangente an

die Parabel entspricht ein Kegelschnitt, der die Kurve in den 4 Punkten des entsprechenden Systems berührt, die Tangente an jenen Kegelschnitt in einem dieser Punkte ist zugleich Tangente an die Kurve in jenem Punkte, und dies giebt ein Mittel, die Gleichung der Tangente fast ohne Rechnung abzuleiten.

Es sei $P \left\{ (x_p \ y_p) \right.$ der Punkt der Kurve, $P^1 \left\{ (x^1_{p^1} \ y^1_{p^1}) \right.$ der entsprechende der Parabel, die Gleichung der Tangente an die Parabel in P^1 ist (S.96)

$y^1 y^1_{p^1} = a^2 (x^1 + x^1_{p^1})$, also die des Kegelschnitts, der die Cassini'sche Kurve in P berührt:

$$8) \quad x^2 (r^2_p - a^2) + y^2 (r^2_p + a^2) = a^2 (x^2_p - y^2_p) + d^4$$

$$= \frac{1}{2} (r^4_p + d^4).$$

(Man braucht nur in 7) r_1 und $r_2 = r_p$ zu setzen.)

Die Gleichung der Tangente an diesem Kegelschnitt im Punkte P ist (cf. S. 80).

$$9) \quad x x_p (r^2_p - a^2) + y y_p (r^2_p + a^2) = a^2 (x^2_p - y^2_p) + d^4.$$

Dies ist also die Gleichung der Tangente für alle Lemniscaten.

Der Richtungsfaktor $\tau = \mathrm{tg}\, \alpha$ ist $= -\dfrac{u}{v} = -\dfrac{x_p}{y_p}$ $\dfrac{(r_p^2 - a^2)}{r_p^2 + a^2}.$

Da $x_p : y_p = \cot \varphi$ ist, so führt man lieber den Richtungsfaktor $\tau^1 = -\dfrac{1}{\tau}$ der Normale ein, und erhält, wenn der Winkel, den die Normale mit $+ X$ bildet, α^1 genannt wird:

10) $\dfrac{tg\,\alpha^{1}}{tg\,\varphi} = \dfrac{r^{2}+a^{2}}{r^{2}-a^{2}}$ oder 10^a) $\dfrac{\sin\,(\alpha^{1}+\varphi)}{\sin\,(\alpha^{1}-\varphi)} = \dfrac{r^{2}}{a^{2}}$.

Auf beide Formeln lässt sich eine einfache geometrische **Konstruktion der Tangente** in P gründen (Fig. 38).

M ist der Mittelpunkt, P der Kurvenpunkt, N P die Normale, P T die Tangente, P Q die Ordinate y_p oder y, M Q die Abscisse x, N Q die Subnormale, Q T die Subtangente s, P N T ist α^{1}, P M N ist φ. Man mache Q N^{1} = Q N, so dass also auch P N = P N^{1}, dann giebt der Sinussatz aus dem Dreieck M P N: $\dfrac{M\,N}{r}$

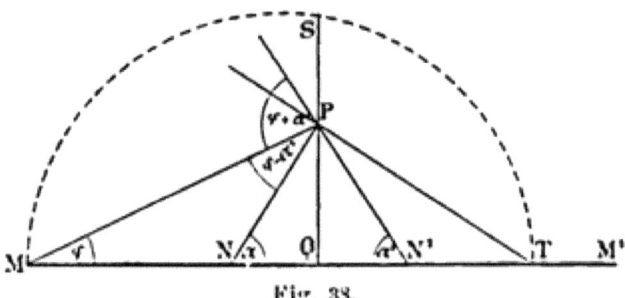

Fig. 38.

$= \dfrac{\sin\,(\alpha^{1}-\varphi)}{\sin\,\alpha^{1}}$ und aus M P N^{1}: $\dfrac{M\,N^{1}}{r} = \dfrac{\sin\,(\alpha^{1}+\varphi)}{\sin\,\alpha^{1}}$, also $\dfrac{\sin\,(\alpha^{1}+\varphi)}{\sin\,(\alpha^{1}-\varphi)} = \dfrac{M\,N^{1}}{M\,N} = \dfrac{r^{2}}{a^{2}}$. Da aber M N^{1} + M N = x + N Q + x — N Q = 2x, so hat man nur nötig, M Q zu verdoppeln bis M^{1} und M M^{1} in N so zu teilen, dass M N : N M^{1} = a^{2} : r^{2} ist, so ist N P die Normale und P T die Tangente. Diese Konstruktion ist ebenso allgemein wie die Steiner'sche, welche auf geometrischen Betrachtungen beruht. — Man kann auch die Subnormale N Q benutzen, ebenso wie die Subtangente. Es ist

$$\frac{NQ}{x} = \frac{r^2-a^2}{r^2+a^2};$$ führt man den Hilfswinkel ϑ ein durch

$$tg\,\vartheta = \frac{a}{r},$$ so ist $NQ = x\cos 2\vartheta$, woraus die Konstruktion sich leicht ergiebt.

Schlägt man über MT einen Halbkreis, der PQ in S trifft, so ist $SQ^2 = MQ.QT$, aber $y^2 = NQ.QT$, somit

$$\frac{SQ^2}{y^2} = \frac{r^2-a^2}{r^2+a^2} \quad \text{oder} \quad \frac{SQ}{y} = \sqrt{\frac{r^2-a^2}{r^2+a^2}}.$$

§ 39. Die schlichte Lemniscate.

Der Name Lemniscate stammt aus dem Griechischen und bedeutet „Schleifenlinie", er passt daher nur für die Kurve $c = a$, und ist von dieser auf die andern Cassini'schen Kurven übertragen; für sie ist $d = 0$, und es vereinfacht sich besonders die Polargleichung 2, welche übergeht in $r^2(r^2-2a^2\cos 2\vartheta) = 0$. Diese Gleichung stellt eigentlich den Punkt $r = 0$, d. h. also M doppelt dar, und ausserdem die Kurve $r^2-2a^2\cos 2\vartheta = 0$. Da aber für $\vartheta = 45°$ bezw. $135°$ r auch $= 0$ ist, so geht diese Kurve durch den Punkt M ohnehin doppelt und wir haben als P o l a r g l e i c h u n g d e r L e m n i s c a t e

11) $r^2-2a^2\cos 2\vartheta = 0$.

Die Gleichung zeigt sofort, dass wenn ϑ von 0 bis 45 geht, r^2 und damit r abnimmt von $2a^2$ bezw. $a\sqrt{2}$ bis 0, für $\vartheta = 30$ ist $r = a$, also ist der höchste Abstand von der Hauptaxe FF_1 gleich $\frac{1}{2}a$, das zugehörige x ist die Höhe des gleichseitigen Dreiecks

(Fig. 39), von $\vartheta = 45$ bis 135 ist r^z negativ, also schneidet der Leitstrahl r die Kurve in diesem Intervall nicht (sichtbar), von 135 bis 225 (d. h. von $180-45$ bis $180 + 45$) wächst r von 0 bis a $\sqrt{2}$ und nimmt wieder ab bis 0, von $180 + 45$ bis $270 + 45$ ist r^z negativ, von $270 + 45$ bis 360 wächst r von 0 bis a $\sqrt{2}$. Der Punkt M ist Doppelpunkt, denn jede Gerade durch M, deren Polargleichung $\vartheta = \alpha$ für den oberen Strahl, und $\vartheta = 180 + \alpha$ für den unteren ist, schneidet

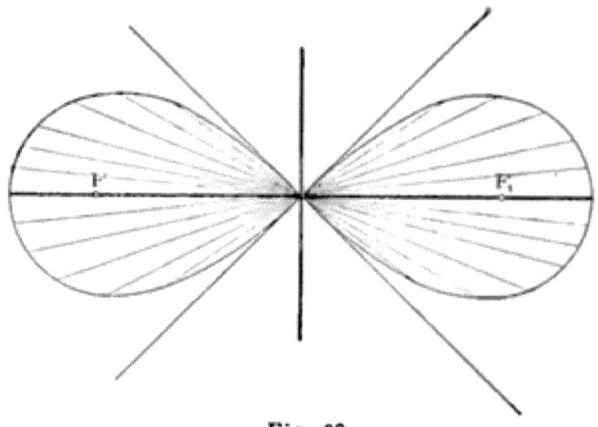

Fig. 39.

die Kurve ausser in M in zwei reellen (oder imaginären) entgegengesetzten Punkten. Für die Geraden $\mu = 45 - (45 + 180)$ — und $\vartheta = 135$ bezw. $(135 + 180)$ fallen alle 4 Schnittpunkte in M zusammen, und da M zu beiden Aesten der Kurve gehört, so hat jede von ihnen mit dem betreffenden Ast drei Punkte gemeinsam, diese Geraden $\vartheta = 45$ und $\vartheta = 135$, sind daher Wendetangenten (Fig. 39).

Die verwandte Parabel hat ihren Scheitel in M, der berührende Kegelschnitt ist Ellipse, so lange $r > a$

d. h. von $\vartheta = 0$ bis $\vartheta = 30$ und Hyperbel von $\vartheta = 30$ bis $\vartheta = 45$, für $r = a$ artet dieselbe aus in das Doppeltangentenpaar $4y^2 - a^2 = 0$. Die Gleichung der Tangente wird

$$12)\quad x\,x_p\,(r_p^2 - a^2) + y\,y_p\,(r_p^2 + a^2) = \frac{1}{2}\,r_p^4 = a^2$$

$(x_p^2 - y_p^2)$.

Die Gleichungen 10 und 10^a enthalten c nicht, bleiben also bestehen, da aber $r^2 = 2a^2 \cos 2\vartheta$, so geht 10^a) über in $\sin(\alpha^1 + \vartheta) = 2\sin(\alpha^1 - \vartheta)\cos 2\vartheta = \sin(\alpha^1 + \vartheta) + \sin(\alpha^1 - 3\vartheta)$, d. h. aber $\sin(\alpha^1 - 3\vartheta) = 0$ und daraus folgt der merkwürdige Satz $\alpha^1 = 3\vartheta$, d. h. in Worten:

Die Normale schliesst mit dem Leitstrahl nach dem Berührungspunkt die doppelte Amplitude ein.

Der Satz gilt seinem Wortlaut nach eigentlich nur für den 1. Lemniscatenquadranten, man sieht an der Figur sofort, wie er in den andern Quadranten abzuändern. Aus ihm folgt sofort eine sehr einfache Konstruktion der Normale und damit der Tangente.

Wählt man die beiden Wendetangenten als Axen, d. h. also, dreht man das Axenkreuz um 45° im Sinne des Uhrzeigers, so bleibt r ungeändert und wenn die rechte untere Wendetangente zur Polaraxe gemacht wird, so ist $\vartheta = \vartheta^1 - 45$ und die Gleichung der Lemniscate wird

$$13)\quad r^2 = 2a^2 \sin 2\vartheta^1;$$

gleichzeitig ist $x = r\cos(\vartheta^1 - 45) = (y^1 + x^1)\left|\sqrt{\dfrac{1}{2}}\right.$ und

$$y = r\sin(\vartheta^1 - 45) = (y^1 - x^1)\sqrt{\dfrac{1}{2}}.$$

(Die Benützung der Polarkoordinaten ist ein sehr einfaches Mittel, die Koordinatentransformationsformeln aus § 13 herzuleiten). Die Gerade, welche in P auf M P senkrecht steht, schneidet (Fig. 40) die neuen Koordinatentangenten in A und C und es ist $M A = \eta$

$$= \frac{r}{\sin \vartheta^{\scriptscriptstyle \text{I}}} \text{ und } M C = \xi = \frac{r}{\cos \vartheta^{\scriptscriptstyle \text{II}}} \text{ somit Dreieck M A C,}$$

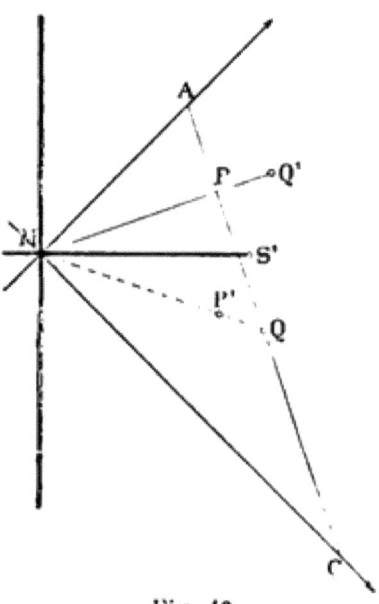

Fig. 40.

weil gleich $\frac{1}{2} \xi \eta = \frac{r^2}{2 \sin \vartheta^{\scriptscriptstyle \text{I}} \cos \vartheta^{\scriptscriptstyle \text{I}}} = \frac{r^2}{\sin 2 \vartheta^{\scriptscriptstyle \text{I}}} \cdot 2a^2.$

14) $M A C = 2a^2$: Die Senkrechte auf den Leitstrahl im Lemniscatenpunkt schneidet von den Wendetangenten ein Dreieck vom konstanten Inhalt $2a^2$ ab.

Diese Senkrechte umhüllt, heisst dies, eine gleichseitige Hyperbel von der die Wende-

tangenten die Asymptoten sind und deren
Axen mit denen der Lemniscate zusammenfallen und die Länge a $\sqrt{2}$ der Hauptaxe haben,
oder: (Fig. 41)

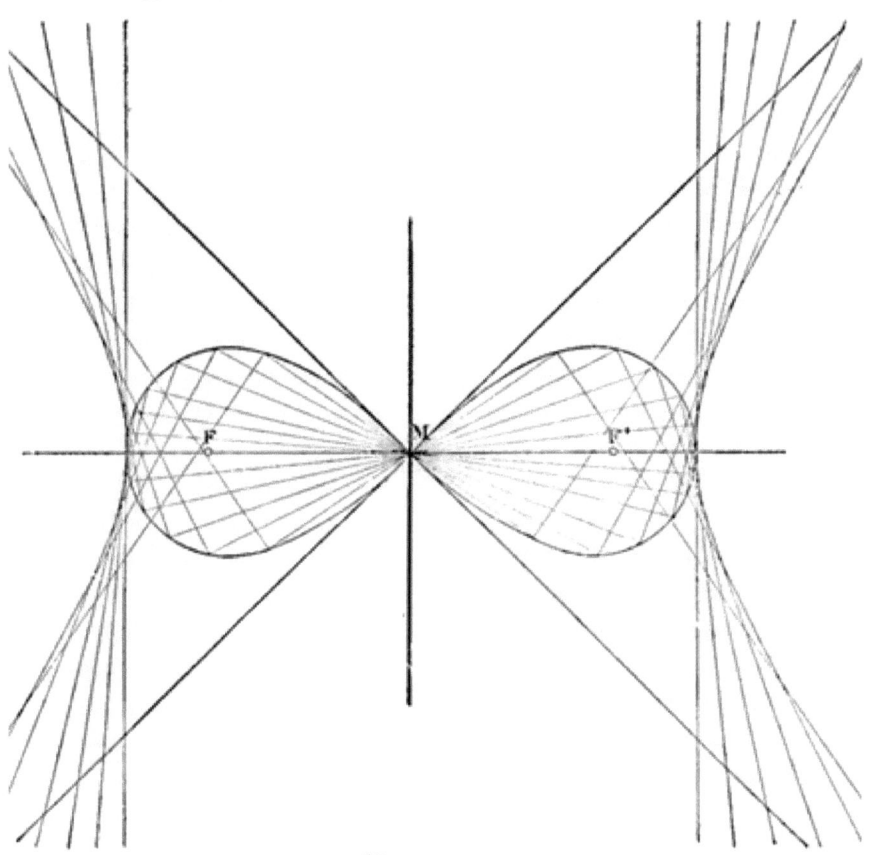

Fig. 41.

Fällt man vom Centrum einer gleichseitigen Hyperbel auf die Tangenten die
Lothe, so ist der Ort der Fusspunkte, die
Fusspunktenkurve, die Lemniscate mit derselben Hauptaxe.

Die Brennpunkte der Lemniscate liegen dort, wo
die Leitlinien der Hyperbel die Hauptaxe schneiden.

Da die Hyperbeltangente in der Mitte von A C,
im Punkte Q, ihre Kurve berührt, und Dreieck Q M C,
bezw. Q M A gleichschenklig, so werden P und Q durch
die Hauptaxen harmonisch getrennt und man kann
auch sagen:

„Die Lemniscate ist der Ort der Punkte
„der Tangenten der gleichseitigen Hyperbel,
„welche durch die Axen harmonisch vom Be-
„rührungspunkt getrennt werden.

Da, wenn man M Q, den Radius vector der gleichseitigen Hyperbel mit ϱ bezeichnet, $\varrho r =$ Dreieck
A M C $= 2a^2$ ist, so steht die Lemniscate zu derselben
Hyperbel in noch engerer Beziehung. Da M Q und
M P symmetrisch zur Hauptaxe liegen, welche sowohl für
die Hyperbel als die Lemniscate eine Symmetrieaxe
ist, so liegt, wenn wir auf M P die Strecke M Q¹ gleich
M Q abschneiden (Fig. 40) Q¹ auf der Hyperbel und
ebenso der Gegenpunkt P¹ von P auf M Q wieder auf
der Lemniscate, also, wenn man von M aus auf jedem
Radius vector M Q¹ der Hyperbel die M Q¹ umgekehrt
proportionele oder inverse Strecke $\dfrac{2a^2}{\varrho} =$ M P abschneidet, so ist der Ort aller Punkte P die Lemniscate und wir haben den Hauptsatz:

Die Lemniscate ist die inverse Kurve der gleichseitigen Hyperbel.

Diese Beziehung gestattet in einfachster Weise,
vgl. § 35, die Eigenschaften der gleichseitigen Hyperbel
auf die Lemniscaten zu übertragen.

Quadratur der Lemniscate.

Da r von $\varphi = 0$ bis $\varphi = 45^{\circ}$ fortwährend abnimmt, so liegt im ersten Quadranten jeder Sector zwischen den beiden gleichschenkeligen Dreiecken, welche denselben Winkel bei M haben und deren Schenkel der grössere oder der kleinere Radius ist. Denkt man sich den Winkel, den der Vector M P nach einem beliebigen Lemniscatenpunkt M im ersten Quadranten mit der Axe bildet, in n gleiche Teile geteilt und n über jedes Mass gross, so füllt der Inhalt des Sectors zwischen dem Vector P und der Axe mit der Summe der gleichschenkeligen Dreiecke zusammen und man erhält ganz wie für die Cissoïde S. 167.

15) $S \varphi = \dfrac{1}{2} \cdot a^2 \sin 2\varphi = a^2 \, x \, y : r^2.$

In Worten:

Der Lemniscatensector, von der Axe an gerechnet, ist gleich dem gleichschenkeligen Dreieck, dessen Schenkel a und dessen Winkel an der Spitze gleich der doppelten Asymptote ist. Das Feld der Lemniscate ist gleich dem Quadrat ihrer halben grossen Axe.

XIII. Abschnitt.

Die Spirale des Archimedes.

§ 40. Die Spiralen.

Transformiert man die Gleichung algebraischer Kurven aus Parallelkoordinaten in Polarkoordinaten, so enthält die so umgeformte Gleichung wegen der

Beziehungen des § 2, nur die trigonometrischen Funktionen des Richtungswinkels, bezw. der Amplitude (Anomalie) und es genügt wegen der Periodicität dieser Funktionen, die Amplitude von 0 bis 2π zu nehmen. Anders liegt die Sache bei transcendenten Kurven, unter diesen sind Klassen denkbar, bei welcher in der Polargleichung der Kurve Θ selbst vorkommt mit oder ohne trigonometrische Funktionen von Θ, dann erhält der Radius r für Θ, $\Theta + 2\pi$, $\Theta + 4\pi$ etc. im Allgemeinen verschiedene Werthe, und die Kurve umzieht den Pol (Anfangspunkt) in unzählig vielen Windungen. Diese Kurven heissen S p i r a l e n — auch Schnecken (haus) linien — unter ihnen hat die einfachste Gleichung die S p i r a l e d e s A r c h i m e d e s. Diese Kurve wird von einem Punkt P beschrieben, der sich vom Pole O aus auf einem Strahl gleichförmig vorwärts bewegt, während der Strahl selbst sich gleichförmig um den Pol O dreht. Nennt man die Strecke (Fig. 42) O C_1, welche P während einer vollen Umdrehung des Strahles O P auf dem Strahle durchläuft, den Hauptvector, c, so verhält sich O P oder r, wenn der Strahl sich um den Bogen Θ gedreht hat zu c, wie Θ zu 2π und wird c:2π mit a bezeichnet, so ist die G l e i c h u n g d e r K u r v e i n P o l a r k o o r d i n a t e n

1) $r = a\,\Theta$.

Da 2π, das Verhältniss der Kreisperipherie zum Radius, nur annähernd berechnet werden kann, so sind c und a inkommensurabel, d. h. eine Strecke lässt sich aus der andern nur annähernd konstruieren, doch hindert nichts a, d. i. der Radius des Kreises, dessen Umfang c ist, als Längeneinheit zu wählen und r:a,

d. i. die Masszahl des Radius O P, als Vector einzu-
führen und mit ϱ zu bezeichnen, wodurch 1 übergeht in

1ª) $\varrho = \Theta$,

wo nun ϱ und Θ beides Zahlen sind.

Giebt man dem Θ zuerst nur positive Werthe,
zuerst von 0 bis 2π, dann von 2π bis 4π etc. und be-

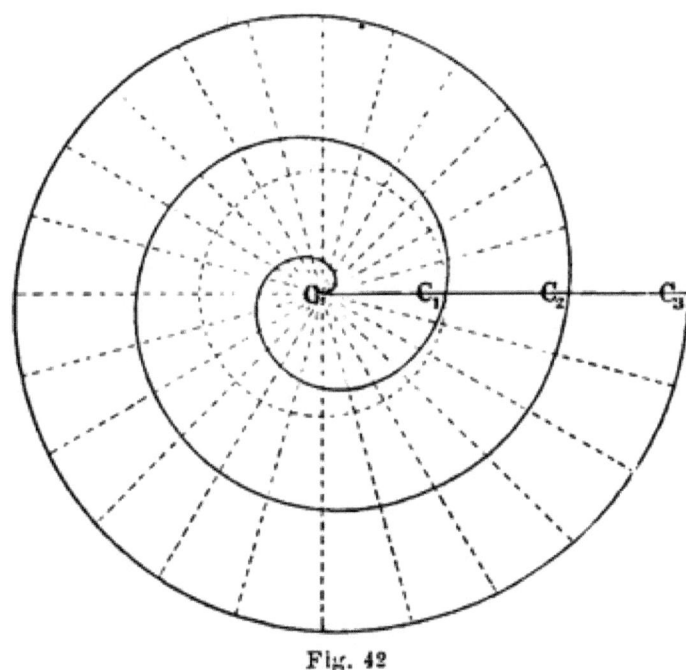

Fig. 42

zeichnet mit Archimedes das Stück der Kurve zwischen
$\Theta = (k - 1)\, 2\pi$ und $\Theta = k \cdot 2\pi$, das also einer ein-
maligen ganzen Umdrehung des erzeugenden Strahl ent-
spricht, als Spirale k. Ordnung oder besser k Windung
und bezeichnet die Fläche zwischen zwei aufeinander folgende Windungen als Spiral-Intervall, so folgt aus 1,
bezw. 1ª) sofort, dass die Schnittpunkte jedes Vectoren-

strahls mit der Kurve immer um 2π von einander
entfernt sind, oder kurz:

Die Breite jedes Intervalls ist gleich
dem Umfang des Einheitskreises, bezw.
gleich dem Hauptvector.

Man sieht sofort, dass die erste Windung ganz
umschlossen wird vom Kreis, dessen Radius der Hauptvector, die zweite vom Kreis, dessen Radius 2 c und
sofort. Zieht man in derselben Windung zwei Vectoren
und teilt den Winkel zwischen ihnen in n gleiche Teile
und nennt die zugehörigen Vectoren r r$_1$ r$_2$ ... r',
so ist $r_k = \Theta_k = \Theta + \dfrac{k}{n}(\Theta' - \Theta) = r + \dfrac{k}{n}(r' - r)$.

Insbesonders ist der Vector, der den Winkel zwischen
zwei Vectoren r und r' derselben Windung halbiert
gleich dem arithmetischen Mittel aus beiden. Ist speziell
$r = 0$, $r' = c = 2\pi$, so ist $r_k = \dfrac{kc}{n}$.

Diese Bemerkungen geben ein Mittel, um, wenn
der Hauptvector gegeben, beliebig viele Kurvenpunkte
zu konstruieren. Man teilt den Einheitskreis in n
gleiche Teile (hier 24), teilt dann den Hauptvector in
n gleiche Teile, zieht vom Pole aus nach den Teilpunkten des Kreises die Strahlen und trägt auf ihnen
vom Pole aus der Reihe nach $\dfrac{1}{n}$ c, $\dfrac{2c}{n}$ etc. ab, so gehören die so erhaltenen Punkte zur Spirale; dabei giebt
$\dfrac{n}{n}$ c den Punkt C$_1$ und man erhält, wenn man dann
$\dfrac{(n + 1)}{n}$ c etc. wieder abträgt, oder was dasselbe auf

jedem Strahl von dem erhaltenen Punkte der ersten
Windung aus die Strecke c einmal, zweimal etc. abträgt die entsprechenden Punkte der 2., 3. etc. Wendung.
Durch fortgesetztes Halbieren der Winkel zwischen
2 aufeinander folgenden Radien und Abtragen des
arithmetischen Mittels der entsprechenden Vectoren
auf den Halbierungslinien kann man die Punkte ver-
dichten. — Giebt man Θ negative Werte, so wird auch
r negativ, dies ist dahin zu interpretieren, dass die
zugehörige Strecke auf der Verlängerung des zu $\Theta =$
$- \lambda$ gehörigen Vectors über den Pol hinaus abge-
schnitten wird, man erhält also dieselbe Spirale, die
zu positiven Werten der Θ gehört, nur um die auf
O C in O errichtete Senkrechte als Axe herumgeklappt.
(Linksgewunden.)

§ 41. Tangente, Normale, Subtangente, Subnormale.

Zur Bestimmung der Tangente bedient man sich
ganz allgemein bei Spiralen und überhaupt bei auf
Polarkoordinaten bezogenen Kurven der Roberval-
Torricelli'schen Methode, welche auf den Principien der
Mechanik, speziell auf dem Parallelogramm der Geschwindigkeiten beruht. Wenn ein Punkt irgend eine
Bahn (Kurve) durchläuft, so hat er in jedem bestimmten
Augenblick eine Bewegung in bestimmter Richtung,
welche die Resultierende der einzelnen Bewegungen
darstellt; diese Richtung ist die Tangente an die Bahn-
kurve, welche nach dieser Auffassung die Gerade ist,
welche in dem betreffenden Punkt für eine verschwindend
kleine Strecke mit der Kurve zusammenfällt und die
Richtung der Kurve an dieser Stelle darstellt.

Man kann nun eine in Polarkoordinaten dargestellte
Kurve dadurch erzeugt denken, dass der Strahl O P
sich um O mit einer gewissen im Allgemeinen ver-
änderlichen Geschwindigkeit dreht und gleichzeitig
Punkt P sich auf dem Strahl selbst, mit einer gewissen
Geschwindigkeit bewegt. In einem hinlänglich kleinen
Zeitmoment τ beschreibt also P einen verschwindend
kleinen Kreisbogen $\varrho\,\varepsilon$, wo ε die Zunahme der Amplitude
Θ bezeichnet und rückt auf O P um die verschwindende

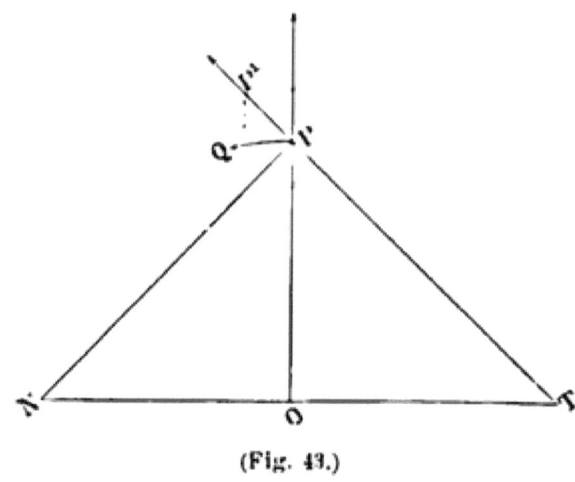

(Fig. 43.)

Strecke η vorwärts, also bewegt er sich nach dem
Parallelogramm der Bewegung (Fig. 43) von P nach
P^1 und P P^1 ist ein Bahnelement und zugleich ein
Element der Tangente. Nennt man den Winkel, welchen
die Tangente, auf P in der Richtung der Bewegung
zulaufend, mit O P bildet μ, so ist, da der Kreisbogen
auf dem Radius senkrecht steht, und also P Q P^1 ein
rechtwinkeliges Dreieck : tang $\mu = \dfrac{r\,\varepsilon}{\eta}$.

Errichtet man im Pole O auf dem Vector O P die

Senkrechte und zugleich im P auf der Tangente die
Normale und bringt Normale und Tangente in N und
T zum Schnitt mit dem Loth in O, so heissen O N
und O T Polar-Subnormale und Polar-Subtangente,
s_n und s_t und man hat:

$$s_t = r \, \mathrm{tg}\mu, \quad s_n = r \, \cot\mu.$$

Bei der Spirale des Archimedes sind Vector und
Richtungsbogen gleich, also auch ihre Aenderungen
ε und η, und wir haben für sie

2) $\mathrm{tg}\,\mu = \varrho; \; s_t = \varrho^2; \; s_n = 1;$

Das giebt die Sätze:

Die Tangente an die Spirale in irgend
einem Punkte macht stets mit dem zugehörigen Vector in dem vor den Berührungspunkt liegenden Teil der Kurve einen spitzen
Winkel, dessen trigonometrische Tangente
gleich der Masszahl des Vectors ist.

2) Die Subtangente hat durch den Radius
des Einheitskreises gemessen, das Quadrat
der Masszahl des Vectors zur Masszahl.

3) Die Subnormale ist konstant und gleich
dem Radius des Einheitskreises.

Die letztere Eigenschaft weist sofort auf die Parabel
hin und durch Ausnützung dieser Beziehung hat insbesondere Pascal tiefliegende Eigenschaften der Spirale
verhältnissmässig einfach abgeleitet.

Die Konstruktion der Tangente ist in Folge vom
Satz 3 völlig elementar, sobald der Radius des Einheitskreises als gegeben angesehen wird. Das ist indessen, wenn der Hauptvector gegeben ist, die Kurve
punktweise konstruirt ist, nur annähernd der Fall.

Da die Tangente mit der Kurve nach ihrer Erzeugung
nur eine verschwindend kleine Strecke gemeinsam hat, so
kann zwischen ihr und der Kurve keine andere Gerade
hindurchgehen; der Kreis mit O P schliesst, da die
Vectoren fortwährend wachsen, den dem Punkt P
vorangehenden Teil der Kurve ein und wird von dem
auf P folgenden Teil umschlossen, die Kurve kann also
keine Wendetangente haben und es kann die
Tangente in P die Windung, zu der P gehört, nur in P berühren. Diese Eigenschaft der
Tangente ist vom Archimedes ihrer Definition zu Grunde
gelegt. Die Auffindung der Spirale steht vermutlich
in Zusammenhang mit dem Problem der Kreis- bezw.
Winkelteilung, denn wenn auf mechanischem Wege
die Spirale gegeben ist, so kann, da die Vectoren sich
wie die zugehörigen Richtungsbogen verhalten, die
Kurve umgekehrt benutzt werden, den Bogen in vor-
geschriebenem Verhältniss zu teilen.

§ 42. Quadratur der Spirale.

Die von einer Spirale beliebig hoher Windung
umschlossene Fläche lässt sich auf ähnliche Weise,
wie bei der Hyperbel berechnen. Seien r und r¹ zwei
Vectoren der k . Windung Θ und Θ^1 die zugehörigen
Amplituden, $\Theta^1 - \Theta = r^1 - r$, also das Mass des von
den Strahlen O P und O P¹ eingeschlossenen Winkels.
Denkt man diesen Winkel in n gleiche Teile geteilt
und die zugehörigen Vectoren der Kurve, so ist
$r_k = r + \dfrac{k}{n} (r^1 - r)$, oder $r_k = r + \dfrac{k}{n} d$: Macht man
n über jedes Mass gross, so kann man den Spiralvector

S_k zwischen r_k und $r_k + 1$, als Vector des Kreises mit dem Radius r^k ansehen, und es ist $S_k = \frac{1}{2} r_k^2 \frac{d}{n}$

und der ganze Spiralvector selbst: $S = \frac{1}{2} \frac{d}{n} \overset{\infty}{\underset{1}{\Sigma}} r_k^2$

$= \frac{1}{2} d \underset{n}{\Sigma} r_k^2$ oder: $S = \frac{1}{2} d \Sigma \left(r + \frac{kd}{n}\right)^2 \frac{1}{n} = \frac{1}{2} d$

$\Sigma \left(\frac{r^2}{n} + 2 \frac{r_k d}{n^2} + \frac{k^2 d^2}{n^3}\right).$

Es ist, wie aus der Berechnung der elementaren Körper und Flächen bekannt $\overset{\infty}{\underset{0}{\Sigma}} \frac{k}{n^2} = \frac{1}{2}, \overset{\infty}{\underset{0}{\Sigma}} \frac{k^2}{n^3} = \frac{1}{3}$ also:

$S = \frac{1}{2} d (r^2 + r d + \frac{d^2}{3}); S = \frac{1}{2} (r'-r) \left[r^2 + r (r'-r) \right.$

$\left. + \frac{(r'-r)^2}{3} \right] = \frac{1}{6} (r'-r') (r^2 + r r' + r'^2) = \frac{1}{6}$

$(r'^3 - r^3).$

Also:

3) $S = \frac{1}{6} (r'-r) (r^2 + r r' + r'^2) = \frac{1}{6} (r'^3 - r^3).$

Der Spiralsektor zwischen 2 Vektoren derselben Windung und dem verbindenden Spiralbogen ist nur von den Vectoren abhängig, und gleich $\frac{1}{6}$ der Differenz ihrer Kuben.

Dabei sind r' und r als Masszahlen der Vectoren in Bezug auf die Einheit a gedacht, und als Flächenmass dient a^2.

Setzt man $r = 0$ und $r' = 2\pi$ (d. i. also $= 2\pi a = OC_1$), so hat man für die Fläche der ersten Windung

$$F_1 = \frac{\pi}{3} \cdot 4 \pi^2.$$

Wird also c^2 als Flächenmass gewählt, so ist F_1 (als Masszahl gedacht) $= \dfrac{\pi}{3}$. Es wird $F_2 = \dfrac{7}{3}\,\pi\,.\,4\pi^2$ $F_3 = \dfrac{19}{3}\,.\,4\,\pi^2$ und allgemein:

$$3^a)\quad F_n = \frac{3n\,(n-1)+1}{3}\,\pi\,.\,4\,\pi^2$$

für den Inhalt der ganzen von der n-Windung um- schlossenen Fläche.

Das erste Intervall $J_1 = F_2 - F_1 = \dfrac{6\,\pi}{3}\,.\,4\,\pi^2$, das 2. Intervall $J_2 = F_3 - F_2 = \dfrac{12}{3}\,\pi\,.\,4\,\pi^2$, allgemein das $(n-1)$. Intervall $F_n - F_{n-1} = \dfrac{\pi\,6}{3}\,(n-1)\,4\,\pi^2$, oder $J_2 = 2\,J_1$; $J_3 = 3\,J_1$; $J_{n-1} = (n-1)\,J_1$, also:

Die aufeinander folgenden Spiralinter- valle verhalten sich wie die aufeinander- folgenden Zahlen der Zahlenreihe.

XIV. Abschnitt.

Die Cycloïde oder Radlinie.

§ 43. Die Rollkurven, Krümmung.

Eine Kurve K rollt auf einer festen Kurve f, wenn die Kurve K die Kurve f beständig berührt und dabei ihren Bogen auf der festen Kurve abwickelt, so dass, wenn man die bewegliche Kurve in zwei Momenten t und t^1 betrachtet, in denen sie f in B und B^1 be-

rührt, der Bogen BB¹ der festen Kurve gleich dem
Bogen BB¹ der beweglichen Kurve ist, also gleich dem
Bogen, den B inzwischen auf der beweglichen Kurve
(scheinbar) durchlaufen hat. — Die Kurve, welche bei
dieser Bewegung ein mit der rollenden fest verbundener
Punkt beschreibt, heisst: Rollkurve; meist betrachtet
man die Kurve, welche ein Punkt der beweglichen
Kurve selbst beschreibt.

Ist A irgend ein Punkt der Kurve K (oder mit
ihr festverbunden) und B der augenblickliche Berührungspunkt von K und f, so ist die Bewegung dieselbe,
als drehte sich AB für einen Moment um das Centrum
B, das im nächsten Moment auf f sich verschiebt, d. h.
der um B mit BA beschriebene Kreis muss
die Rollkurve R des Punktes A in A berühren und AB ist die Normale der Rollkurve in A.

Der Kreis um B mit AB hat aber mit R im
Allgemeinen nur die Eine Tangente in A (Zwei unendlich nahe Punkte, bezw. Ein Kurvenelement) gemeinsam, es lässt sich aber ein Kreis konstruieren, der
bei A zwei Tangenten, oder w. d. i. drei unendlich
nahe Punkte, A mitgezählt, mit der Kurve gemeinsam
hat. Dieser durch 3 Punkte, also völlig, bestimmte
Kreis heisst: Der Krümmungskreis der Kurve in
A, sein Radius Krümmungs-Radius, sein Centrum:
Krümmungscentrum, es ist der Schnittpunkt
der Normale in A und einer unendlich nahen
zweiten Normale.

Zur Erklärung folgendes: Ein Kreis ist in sich
verschiebbar und daher auch überall gleich gekrümmt;

er weicht von der Geraden um so stärker ab, ist um
so stärker gekrümmt, je kleiner sein Radius ist, des-
halb setzte Newton den reciproken Wert des
Radius als Mass der Krümmung, zunächst des
Kreises. Da aber für jede Kurve in jedem Punkte A
sich generaliter ein Kreis wie oben beschrieben konstruieren lässt, der sich der Kurve in A enger an-
schmiegt als jeder andere Kreis, weil er mit der Kurve
in A drei unendlich benachbarte Punkte gemeinsam
hat, so setzt man seit Newton die Krümmung der
Kurve in A der besagten Kreises gleich, und daher
heisst er Krümmungskreis.

Es ist klar, dass, wenn die Kurve in A eine
Wendetangente hat, d. h. eine Gerade, die ausnahms-
weise an der Berührungsstelle drei unendlich nahe
Punkte mit der Kurve gemeinsam hat, der Krümmungskreis dort den Radius unendlich hat, d. h. in eine Gerade, die Wendetangente, übergeht. Die Kurve, welche
der Ort aller Krümmungscentren ist, heisst die A b g e -
w i c k e l t e oder E v o l u t e, denn wenn ein um sie ge-
legter Faden so abgewickelt wird, dass er stets gespannt
bleibt (und sein Endpunkt in der Anfangslage auf der
gegebenen Kurve liegt), so beschreibt sein Endpunkt
die gegebene Kurve, welche die abwickelnde oder E v o l -
v e n t e heisst. Die charakteristische Eigenschaft der
Evolute ist, dass ihre Tangente stets Normale der Evol-
vente ist.

Wir betrachten näher nur die historisch und phy-
sikalisch merkwürdigste Rollkurve, die Bahn, welche
ein Punkt eines Kreises beschreibt, der auf einer Geraden rollt (die Kurve, welche ein Radnagel beschreibt,

wenn das Rad auf gerader Schiene rollt, ohne zu gleiten) und verfolgen die Bahn von einem Augenblick an, wo dieser Punkt die Gerade berührt.

Die Gerade oder Axe sei die X-Axe, $+$ X in der Richtung der Bewegung, der anfängliche Berührungspunkt sei Nullpunkt O; $+$ Y der auf der Axe in O senkrechte Durchmesser des rollenden Kreises, dessen Radius r ist. (Fig. 44). Es ist von vornherein klar, dass die Bahn aus lauter kongruenten Zügen besteht, deren jeder Einzelne einer vollen Umdrehung des Rades entspricht, und jeder Zug wieder aus zwei symmetrischen Teilen, entsprechend der ersten und zweiten halben Umdrehung. Wo der beschreibende Punkt die Axe berührt, ruht er einen Augenblick, und daher entstehen an diesen Stellen S p i t z e n. Die Kurve heisst R a d l i n i e oder, seit Galilei, C y c l o ï d e, doch wird jetzt dieser Name häufig auf alle durch Rollen von Kreisen entstandenen Kurven ausgedehnt.

§ 44. Die Cycloïde.

Sei P. ein beliebiger Punkt der Bahn, der erzeugende Kreis (Fig. 44) berühre die Axe in B, dann ist die „specifische Eigenschaft" der Kurve, dass OB gleich Kreisbogen PB ist. Nennt man den Massbogen (Bogen im Einheitskreis, Argument) des „W ä l z u n g s w i n k e l s" PMB den W ä l z u n g s b o g e n (Zeichen p), so ist x $=$ OB—BJ $=$ arc PB—PQ $=$ rp—r sin p $=$ r (p—sin p) und y $=$ r $+$ MC $=$ r—r cos p $=$ r (1—cos p). Also sind die Gleichungen der Kurve

1) x $=$ r (p—sin p); y $=$ r (1—cos p).

Man kann p zwischen diesen beiden Gleichungen eli-
minieren, da

$$p = \text{arc cos } \frac{r-y}{r},$$

aber diese Elimination ist nutzlos, und wir haben hier
den Fall, wo es durchaus zweckmässig ist, beide Koordinaten mit Hilfe eines Parameters (vgl.
Lemniscaten) auszudrücken, hier ist der Parameter der
Wälzungsbogen p.

Die Gleichungen lehren, was a priori klar, dass
x beständig wächst, da p seinen sinus mit zunehmen-

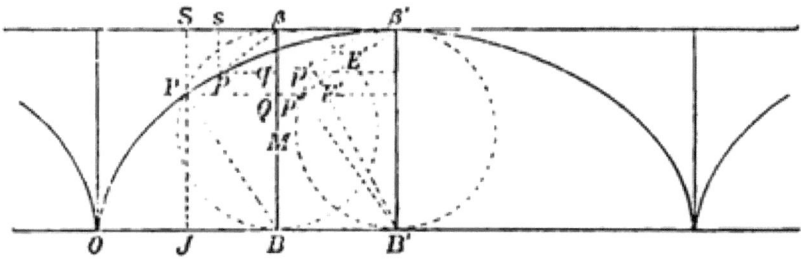

Fig. 44.

dem Werte immer mehr übertrifft, sowie dass y eine
periodische Funktion von p ist, und durch Vermehrung
von p um Vielfache von 2π (volle Umdrehungen) nicht
geändert wird, und in jedem einzelnen Intervall jeden
Wert zweimal annimmt (für $p = 2k\pi + \vartheta$ und p
$= 2k\pi + (2\pi - \vartheta)$), nur der Maximalwert für p
$= 2kp + \pi$ ist seinem korrespondierenden gleich, und
gleich $2r$.

Die Parallele zur Axe im Abstande des Durchmessers berührt die Kurve in allen Höhepunkten, und
die Kurve liegt ganz in dem von der Axe und dieser

Parallelen begrenzten Streifen, wir wollen sie die Gegenaxe nennen.

Der Mittelpunkt des Kreises beschreibt die Streifenaxe, man kann daher auch sagen: Die Cycloïde wird erzeugt dadurch, dass ein Punkt P sich gleichförmig auf einem Kreise bewegt, während der ganze Kreis sich mit gleicher Geschwindigkeit auf einer Tangente verschiebt.

Diese Bemerkung liefert B. Sei (Fig. 44) $B^1 P^1 \beta^1$ das Rad nach einer halben Umdrehung, und die Bogen $P^1 B^1$ und $P B$ gleich, so ist $P B$ parallel und gleich $P^1 B^1$ und $P P^1$ der Axe parallel. Zieht man also durch P die Parallele zur Axe, welche den Kreis um $B^1 \beta^1$ in P^1 trifft und durch P zu $P^1 B^1$ die Parallele, so trifft sie die Axe in B, dem momentanen Berührungspunkt und damit auch dem momentanen Drehungscentrum. Also ist P B die Normale (n) und P β die Tangente. Also:

Die Tangente ist die Gerade, welche den Kurvenpunkt mit dem zum Berührungspunkt diametralen des erzeugenden Kreises verbindet.

Diese Konstruktion dankt man Descartes, man kann die Tangente aber auch wie Roberval, nach seiner im vorigen Abschnitt besprochenen Methode konstruieren. Punkt P hat gleichzeitig zwei gleich schnelle Bewegungen, die eine in der Richtung $P P^1$, die andere in der Tangente des Rades in P, also muss P die Richtung einschlagen, welche den Winkel zwischen jenen beiden halbiert; dies ist aber nach den elementarsten Kreissätzen (Sehnentangentenwinkelsatz) die Gerade P β. Der Winkel, welchen die Tangente mit der Axe bildet, ist also gleich $90 - \frac{1}{2}$ w, bezw. $\frac{\pi}{2} - \frac{1}{2}$ P.

Man kann dies durch die Rechnung bestätigen.

Die Roberval-Toricelli'sche Methode ist von Barrow und Newton zu einer für alle Kurven giltigen ausgebildet worden.

Das Krümmungscentrum der Cycloïde für P ist der Punkt K, in welchem sich die unendlich nahen Normalen

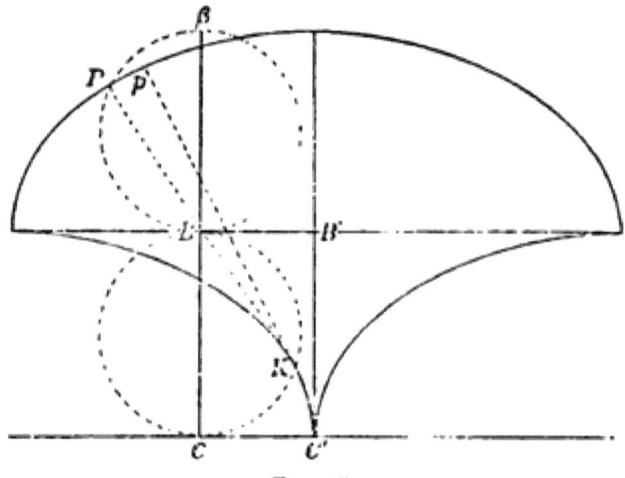

Fig. 45.

P B und p b (Fig. 44 und 45) schneiden. Diesen sind P¹ B¹ und p¹ B parallel. Der verschwindend kleine Bogen P p der Radlinie sei σ, der entsprechende kleine Bogen des Rades, den P auf dem Rade beschrieben, wenn er nach p gekommen, sei σ¹. Es ist dann σ¹ = B b, gleich P¹ p¹. Nach Definition des Krümmungskreises ist σ = P K . ϑ, wo ϑ das Mass des kleinen Winkels P K p ist. P K sei ϱ. Der Bogen σ wird aber auch dadurch erzeugt, dass P B

sich um B dreht, und zwar ist der Drehungswinkel
gleich dem Winkel, um den das Rad sich gedreht, also
gleich der Aenderung des Wälzungswinkels und sein
Mass gleich δ p. Nach Definition des Krümmungskreises sind die Tangenten in P und p an diese zugleich die Tangenten an die Radlinie, somit hat der

Winkel P K p das Mass $\varphi_p - \varphi_P = \dfrac{1}{2} \delta$ p. Also

$\sigma = \varrho \cdot \dfrac{1}{2} \delta$ p und $\sigma = $ P B $. \, \delta$ p, also:

2) $\varrho = 2$ P B.

Der Krümmungsradius der Cycloïde ist
das Doppelte der Normale.

Bildet man den erzeugenden Kreis in dem Augenblick, wo er die Axe in B berührt, von B als innerem
Aehnlichkeitspunkt in gleichem Massstab ab (Fig. 45),
so entspricht dem Punkt P der Krümmungsmittelpunkt
K, dem Bogen P β entspricht der Bogen K C und da
C C' = B B', so ist Bogen C K = Strecke C' C, d. h.
also, wie Huygens gefunden:

Die Evolute der Cycloïde ist eine ihr
gleiche Cycloïde. Das die Evolute erzeugende
Rad rollt in entgegengesetzter Richtung und ist um
eine halbe Umdrehung verschoben.

§ 45. Rectification und Quadratur.

Das Dreieck P K p ist als gleichschenkelig zu betrachten, weil K P und K p Radien des Krümmungskreises, das Dreieck P' E' B', dessen Seiten denen des
ersten parallel sind, ist ihm ähnlich, also P' B' = E B'.

Dreieck P¹ p¹ E¹ ist ebenfalls gleichschenklig, da P¹ p¹
Tangente an den Kreis in P¹ und P¹ β¹ den Winkel
zwischen Tangenten- und Axenrichtung halbiert, somit
ist p¹ B¹ die Gerade, welche die Spitzen zweier gleich-
schenkligen Dreieck über der Grundlinie P¹ ε¹ verbindet, steht also auf P¹ ε¹ senkrecht und halbiert es
in F¹. Die Strecken p¹ β¹ und E¹ β¹ sind als gleich zu
betrachten, da der unendlich kleine Kreisbogen auf
seinem Radius senkrecht steht, somit ist die Zunahme
der Sehne p¹ β¹, wenn sie von p¹ β¹ in P¹ β¹ übergeht,
halb so gross, als die Zunahme des Kurvenbogens, von
p β bis P β und da dieser Schluss für alle folgenden
Lagen bis zu β bestehen bleibt, und der Bogen P β
die Summe aller seiner Teile ist, so haben wir den
Wren'schen Satz:

Der Bogen der Cycloïde zwischen einem
Punkt P und dem zugehörigen Höhenpunkt
der Kurve ist doppelt so gross, als die zugehörige Sehne des erzeugenden Kreises,
d. h. also doppelt so gross, als die Kurven-
tangente zwischen Berührungspunkt und
Gegenaxe.

Ein ganzer Zug der Cycloïde ist das
vierfache des Durchmessers des Rades.

Noch einfacher gestaltet sich die Quadratur.

Der blosse Anblick der Figur 41 zeigt, dass Trapez
P p s S = Trapez P p q Q ist. (Dreieck P S β = P Q β,
p s β = p q β, als Hälften des Rechtecks, Gleiches von
Gleichem giebt Gleiches). Trapez P p q Q ist aber
nur das parallel verschobene P¹ p¹ q¹ Q¹, somit ist der
Flächenraum ausserhalb, begrenzt vom

Kurvenbogen P β. den Strecken P S und S β
gleich dem halben vom Rad durch die zu P
gehörige Radsehne abgeschnittene Segment.

Der ganze Aussenraum ist gleich der
Kreisfläche.

Das Rechteck zwischen Axe und Gegenaxe und
den Tangenten in den Endpunkten des Zuges ist:
$2r \cdot 2r\pi$, d. i. $4r^2\pi$, der Aussenraum ist $r^2\pi$, also:

Die Fläche (Eines Zuges) der Radlinie
zwischen Kurve und Axe ist das dreifache
des erzeugenden Kreises.

Pfälz. Kurier: Auch in der griechischen Altertumskunde von **Dr. R. Maisch** ist die Darstellung concis und, ohne den wissenschaftlichen Charakter zu verleugnen, populär im besten Sinne des Wortes.

Lehrer-Zeitung: Wenn eine kurzgedrängte physikalische Geographie aus der Feder eines so tüchtigen Fachmannes, wie es Prof. Günther in München ist, erscheint, so ist von vornherein zu erwarten, daß das nur etwas Gutes sein kann. Jeder, der das Buch liest, wird sehen, daß er sich in dieser Erwartung nicht getäuscht hat.

Ausland: Kaum je ist mir ein Buch zu Gesicht gekommen, das wie Rebmann's „der menschliche Körper und Gesundheitslehre" auf so kleinem Raum ein so klares Bild von dem Bau und den Thätigkeiten des menschlichen Körpers geboten hätte. Ich stehe nicht an, das Werkchen als ein für den Unterricht höchst brauchbares zu bezeichnen.

Littbl. d. dtsch. Lehrerztg.: Die beiden Bändchen „Hartmann von Aue zc." und „Walther von der Vogelweide" geben eine Auswahl des Besten aus dem Besten unserer altklassischen deutschen Litteratur im ursprünglichen Text und gewähren somit für ein Billiges einem jeden Gebildeten die Möglichkeit, die alten Perlen unserer Litteratur in ihrer kernigen, kraftvollen Ursprache selbst kennen zu lernen.

Allg. Zeitung (München): Ellinger bietet in „Kirchenlied und Volkslied, geistliche und weltliche Lyrik des 17. und 18. Jahrhunderts bis auf Klopstock" den Schülern ein Handbuch, das den Verständigeren für den deutschen Unterricht gewiß hochwillkommen ist.

Berl. philolog. Wochenschrift: Steuding, griechische und römische Mythologie. Die überaus schwierige Aufgabe, den wesentlichsten Inhalt auf nur 140 Kleinoktavseiten übersichtlich und gemeinverständlich darzustellen, ist von dem Verfasser des vorstehenden, in der bekannten Art der „Sammlung Göschen" ausgestatteten Büchleins in höchst anerkennenswerter Weise gelöst worden.

Zeitschr. f. dtsch. Unterricht: Die „Althochdeutsche Litteratur" Schausslers ist eine hocherfreuliche Gabe; sie beruht überall auf den neuesten Forschungen und giebt im Anschluß an Braune, Sievers, Paul, Müllenhoff und Scherer u. a. überall das Wichtigste und Wissenswerteste in knappster Form.

Natur: Es ist geradezu erstaunlich, wie es der rühmlichst bekannte Verlag ermöglicht, für so enorm billige Preise so vorzüglich ausgestattete Werkchen zu liefern. Das vorliegende Bändchen bringt in knapper und verständlicher Form das Wissenswerteste der Mineralogie zum Ausdruck. Saubere Abbildungen erleichtern dem Schüler, für den es in erster Linie bestimmt ist, das Verständnis.

Globus: Es ist erstaunlich, wie viel diese kleine Kartenkunde bringt, ohne an Klarheit zu verlieren, wobei noch zu berücksichtigen ist, daß viele Abbildungen den Raum stark beengen. Vortrefflich wird die Kartenprojektionslehre und die Topographie geschildert.

Nationalzeitg.: Es ist bis jetzt in der deutschen Litteratur wohl noch nicht dagewesen, daß ein Leinwandband von fast 300 Seiten in vorzüglicher Druck- und Papierausstattung zu einem Preis zu haben war, wie ihn die „Sammlung Göschen" in ihrem neuesten Bande, Mag

Koch's Geschichte der deutschen Litteratur für den Betrag von sage achtzig Pfennige der deutschen Leserwelt bietet.

Prakt. Schulmann: Ein Meisterstück kurzen und bündigen, und doch klaren und vielsagenden Ausdrucks wie die „Deutsche Litteraturgeschichte" von Prof. M. Koch ist auch die vorliegende „Deutsche Geschichte im Mittelalter".

Natur: In der Chemie von Dr. Klein empfängt der Schüler fast mehr, wie er als Anfänger bedarf, mindestens aber so viel, daß er das Wissenswürdigste als unentbehrliche Grundlage zum Verständnisse der Chemie empfängt. . .

Kunst f. Alle (München): K. Kimmich behandelt in seinem Bändchen, „Zeichenschule" benannt, in knapper, kerniger, sachlich-zielbewußter Form das weite Gebiet des bildmäßigen Zeichnens und Malens. . . . Gleich nutzbringend und in reichstem Maße bildend für Lehrer, Schüler und Liebhaberkünstler, möchte ich das wirklich vorzügliche Werk mit warmen anerkennenden Worten der Einführung in Schule, Haus und Werkstatt zugänglich machen. Die Ausstattung ist dabei eine so vornehme, daß mir der Preis von 80 Pfennigen für das gebundene Werk von 138 Seiten Ll. 8° wirklich lächerlich billig erscheint. Nicht weniger als 17 Tafeln in Ton-, Farben- und Golddruck, sowie 135 Voll- und Textbilder illustrieren den äußerst gesunden Lehrgang dieser Zeichenschule in feinfühlender Weise.

Jahresber. üb. d. höh. Schulw.: . . . . Das klar geschriebene und übersichtlich geordnete Büchelchen wird wie für Schüler höherer Klassen, so auch für jeden Gebildeten eine anziehende Lektüre sein. . . .

Schwäb. Merkur: Prof. G. Mahler in Ulm legt uns eine Darstellung der ebenen Geometrie vor, die bis zur Ausmessung des Kreises einschließlich geht. Besondere Sorgfalt ist der Auswahl und Anordnung der Figuren zu teil geworden, deren saubere Ausführung in 2 Farben angenehm berührt.

Globus-Hoernes, Urgeschichte. Der bewährte Forscher auf vorgeschichtlichem Gebiete giebt hier in knappster Form die lehrreiche Zusammenstellung des Wissenswertesten der Urgeschichte. Vortrefflich geeignet zur Einführung und zum Ueberblick.

Preußische Schulztg.: Die Schrift von Hommel „Geschichte des alten Morgenlandes" kann nur warm empfohlen werden, denn der Verfasser hat es verstanden, auf gedrängtem Raume einen auf den neuesten Forschungen beruhenden trefflichen Abriß der Geschichte der alten Kulturvölker Asiens und Aegyptens zu liefern.

Lpzgr. Ztg. (Wissensch. Beil.): „Die Pflanze" von Dr. E. Dennert können wir bestens empfehlen. In kürzester, knappester, sehr klarer und verständlicher Form weiß sein Verfasser alles Wissenswerteste über den inneren und äußeren Bau und über die Lebensverrichtungen der Pflanze zur Anschauung zu bringen, wozu seine ganz vortrefflichen, selbstgezeichneten Textabbildungen außerordentlich viel beitragen helfen.

Schwäb. Merkur: Die Römische Altertumskunde von Dr. Leo Bloch behandelt kurz und klar die Verfassungsgeschichte, die Staatsgewalten, Heerwesen, Rechtspflege, Finanzwesen, Kultus, das Haus, die